「対案力」養成講座

新自由主義を論破する経済政策

師岡武男 *morooka takeo*

言視舎

まえがき

多くの人々にとって、経済生活が豊かで安定しているかどうかは、大事な問題だと思います。ところがこの20年余りの日本経済は、デフレと低成長で、実質賃金は下がり続け、貧困化とともに、貧富の格差が拡大しています。

このままではいけない、黙っているわけにはいかない、と考え、日本経済を立て直す方策をコラムにまとめ、居住地西東京市の地域情報サイト『ひばりタイムス』に連載してきました。これを中心に、書き下ろしの論考と、主に経済政策の基本についてのＱ＆Ａを加えて編集したのがこの本です。

政府は、２０１３年以後の安倍政権が、デフレ克服の公約や賃金引上げの勧めなどをしてきましたが、実現できませんでした。その原因の大きなものは、新自由主義グローバリズムと緊縮財政の経済政策だったと思います。

そこへ、２０２０年のコロナ禍が襲いました。もう日本経済はがたがたです。国民生活は不安でいっぱい、人々は気もそぞろという状況ではないでしょうか。

いまこそ有効な「対案」が必要です。

本書の中身は、やさしい経済解説といったところですが、新自由主義グローバリズムと緊縮財政への批判と対案の提唱が中心になっています。対案の「総論」と言えるでしょう。同じような意見の研究者、評論家、政治家の提唱も参考にしました。それらのなかには「各論」もたくさん提案されています。生きた事例を扱っているので、一般的な経済の入門書よりなじみやすいと思います。自分で対案を考えるときのヒントも盛り込んでいます。

同じ意見が次第に増えてきました。しかし、まだ全体的には少数意見でしょう。実現のためには、政治に反映されなければなりませんので、多数の方々に理解してもらいたいと、願っています。

２０２１年１月

師岡武男

目次

Q＆A目次

安倍政権・菅政権の略年譜

■ 2012

12 月　**第２次安倍内閣**発足。

■ 2013

７月　**参院選**で自公勝利。

９月　安倍首相、東京五輪招致のプレゼンテーションで、福島第一原発は完全にコントロールされていると発言。

12 月　特定秘密保護法が成立。

■ 2014

４月　**消費税が5% から８％**に。

７月　集団的自衛権行使容認を閣議決定。

11 月　**消費税の 10%への税率引き上げを１年半延期**、衆院解散を表明。

12 月　**衆院選**で与党圧勝、与党、定数の 2/3 を超える。

■ 2015

９月　安全保障関連法が成立。

12 月　慰安婦問題で日韓合意。「最終的かつ不可逆的解決」を確認。

■ 2016

６月　安倍首相、**消費税増税の２年半再延期**を表明。

７月　**参院選**で与党勝利。改選議席の過半数を獲得。

11 月　首相、就任前のトランプ米大統領と異例の会談。

■ 2017

２月　「森友問題」発覚。

５月　「加計問題」発覚。

６月　「共謀罪」の趣旨を盛り込んだ改正組織犯罪処罰法が成立。

10 月　**衆院選**で自民圧勝。定数の 2/3 を維持。

■ 2018

３月　森友学園問題、財務省の文書改ざん発表。

■ 2019

５月　新天皇即位。「平成」から「令和」に改元。

７月　**参院選**で与党勝利、改選議席の過半数。れいわ新選組から２名当選。

10 月　**消費税 8% から 10%** に。

11 月　安倍首相主催の「桜を見る会」について、20 年度の中止を決定。

■ 2020

３月　コロナ禍。東京五輪・パラリンピックの１年延期。

４月　緊急事態宣言発令。

５月　賭けマージャン問題で黒川東京高検検事長辞任。

６月　河井克行衆議院議員、妻の案里参議院議員、公選法違反で逮捕。

７月　都知事選で小池百合子再選。山本太郎落選。

８月　安倍首相、連続在職日数が歴代最長に。その後辞意を表明。

９月　**菅義偉内閣**発足。

■ 2021

１月　新型コロナウイルス、第三波の流行で、緊急事態宣言。

第1章

コロナ禍を乗り越える方法から経済政策／財政政策を学ぶ

なかなか先が見えないコロナ禍。安全と安心を確保するには発想の転換が必要だ。経済のあり方、経済政策の「いろは」を学びながら、どうすればいいのかを提示する。

いま日本に必要なこと——二大不安をなくす

（2020年5月17日）

このままでは、日本は安全と安心を持てない国になってゆく。**国のカネをどんどん使って、災害と貧乏から脱け出そう。**政府・日銀は問題解決への打ち出の小槌を持っている。**生かすのは政治の力**だ。

いま日本国民の生活を揺るがしているのは、大きな天災と人災による**コロナ不安とデフレ経済不安**の二つだろう。この二つの不安がなくなれば、世の中はぐんと明るくなるに違いない。個々人の人生には、不安も不幸もたくさんあるが、それを克服する社会基盤を作るのが政治の仕事だ。そのことを、人々が声を挙げて政治に要求し、積極的な財政金融政策の実現を図ることが必要だと思う。

▼コロナ対策、禍を福となす

まず、当面のコロナ不安だ。つい最近2020年になってから降ってわいた大問題だが、社会的な対応についての、私の問題意識は別記（「コロナ不安への社会的対応について」）の通りである（21頁）。なお、個人的な対応については、私自身の高年齢を考えて「三密」回避の規制を守るなどして感染防止に努めるほかないと思っている。

コロナ災害は世界的な大事件であり、被害の程度も収束の時期もまだ見当が付かないが、**日本の医療体制、公衆衛生体制が貧弱**であったことは、はっきりした。日本だけでなく世界全体の問題でもある。

そのなかで、日本の現状は幸い死亡者が比較的に少なく済んでいる。原因はまだわからないが、この先感染拡大を防ぎ治療体制を強化すれば、被害の拡大をかなり防ぐことができそうだ。そのために必要な対策には、何よりも**国費を惜しみなく注ぎ込むことが肝心**だ。今回の事態で、疫病という災害の防止対策に国のカネを出し惜しんできたことを反省し、**災害対策全体の充実**を進めることで、禍を転じて福となしたいものである。

▼デフレ不安は最大の経済問題

コロナ対策と併せて、国のカネの注入増加が緊急に必要なのが、デフレ不況対策だ。実はこれが、コロナ以前からの最大の財政政策の課題だったが、コロナ対策と重なり合って、一層大きな課題になった。それを総合した政策が25・7兆円の補正予算だった。しかしこれでは足りないことは明らかなので、政府も第二次補正予算の準備に入っている。

今後の財政出動の大問題は、その大きさと財源対策だ。私の言いたいのは、日本経済を災害と貧乏の不安から脱け出させるために必要な財政資金は、どんどん使うべきであり、その財源に心配はない、ということである。しかし財源問題は、これまで長年にわたって、「財政危機」論によって「小さな政府」のための**緊縮財政政策**がとられてきた。この財政危機論は根深いもので、**40年前に大平内閣が一般消費税を提唱して以来の大蔵省（現財務省）の頑固な主張**である。⇓Q&A①

▼100兆円の第二次補正予算提案

安倍首相は第二次補正予算の編成に当たって「雇用と暮らしをなんとしても守り抜く。

そのために一段の強力な対策が必要」（2020年5月14日）と言明した。しかしこれまで、雇用と暮らしを守るために提唱されてきた多くの財政出動案はことごとく無視されてきた。今度こそなんとしても実行しなければならない事態である。

どの程度の補正予算が必要か。**一案**として、自民党の安藤裕衆院議員らによる「日本の未来を考える勉強会」の提言（5月1日）がある。その内容は「コロナ感染症の拡大を全力で防ぐとともに、コロナショック以前の国民生活、雇用、経済力、および生産能力維持」を目標に、第2次補正予算は「機動的な財政出動のため、**真水で100兆円の枠を設定し、財源は全額国債を充てる**」というものだ。その具体策が7項目書いてある。そのほかに、アフターコロナの経済のV字型回復のために「**消費税0％**」もタブー視せずに積極的に検討することを付け加えている。野党からは、れいわ新選組が4月6日、コロナ緊急提言として「**100兆円規模の財政支出と消費税1年間ゼロ％**」などの提案を出していた。

▼国債大増発、財政はびくともしない

第一次補正予算は、全国民に10万円給付などで**25・7兆円の国債を発行**するという、前代未聞の大規模な財政出動だった。**財政危機論の一角が崩された感**がある。従来なら、

バラマキ財政とか財政破綻とかの悪評がマスメディアに氾濫したに違いないが、今回は不気味なほどの沈黙ぶりだ。従来の誤りを反省してのことなら結構だが、第二次補正で試されるだろう。

第一次補正の大きな国債増発で「財政破綻」が起こることはないだろう。安藤議員らの第二次100兆円補正案がそのまま実現しても、日本の国家財政はびくともしないはずだ。そもそも財政破綻とは、具体的にはどんな事態を言うのだろうか。説明されたことのない、おまじないのような言葉だ。財政破綻などありえないのは、政府・日銀には通貨発行権という打ち出の小槌があるからだ。詳しい理屈は「おカネの造り方について」（48頁）で説明しよう。

▼安全と安心の福祉型成長へ

財政破綻論の大本山財務省の麻生大臣は5月12日の記者会見で、国債の追加発行による財政への信頼不安についての質問に「メディアも財務省も狼少年だ」と軽く切り返した。財政破綻論への思いがけない反論だ。リーマンショック時に首相だった麻生氏の本音だろう。

第二次補正予算編成をめぐる政策論で、政府・与党も野党も、自然災害とデフレ不況の国難から日本経済を救い出すための政策能力を問われることになるだろう。**安全と安心の確保される福祉型の成長経済を目指して**、競い合ってもらいたいものである。⇓**Q&A②**

Q①

なぜ財務省（大蔵省）は「健全な」財政にこだわるのでしょう。また、マスコミもその論調が主流に見えますが、ここで主張された内容は「経済学」的にも根拠のあるものでしょうか。

A

民間の経済主体は、借金なしの収支均衡が健全な運営ということになりますが、政府でも同じと言うのが**健全財政論**です。**借金は不健全**ということです。借金が資産を上回ったら、債務超過で倒産の危機ですからたしかに不健全です。しかし**借金の性質が民間と政府ではまったく違う**ので、借金は不健全と一口に言う考えはまちがいなのです。

財務省はそんなことはわかっていながら、なぜ借金財政不健全論を頑張るのか、大きな謎です。解明する必要があります。マスコミが同調するのは、無知のために**財務省に洗脳されたか迎合しているだけ**で、謎ではありません。

経済学との関係ですが、**健全財政論否定の根拠である貨幣発行権**は、法律でも決められている貨幣発行権で、経済学とは関係ない知識です。しかし経済成長のために、供給力に見合う需要量が必要だと明らかにしたのはケインズの経済学でしょう。その需要のために、政府の通貨発行権の活用が必要だと強調したのが、２０１９年に活用されたＭＭＴ（現代貨幣理論）でした。しかしどちらも、内容的に新しいものではありません。ケインズ経済論者による、**積極財政の需要拡大政策の提唱は１９９０年代から**根強く続いています。

一例として、元大阪学院大学教授の丹羽春喜氏（故人）は、平成不況の原因である総需要の不足に対して、政府発行紙幣を財源として、国民全員に年間一人40万円の「臨時ボーナス」の支給を提唱しました。丹羽氏の分析では、平成以後の日本経済には年間約２００～３００兆円の生産力の余裕（デフレ・ギャップ*）があるため、そのまま推移すれば10年間で合計約４０００兆円の潜在的ＧＤＰを空しく失ってしまうというのです（『日本経済再興の経済学』１９９９年発行）。この提唱は受け入れられることなく十数年が過ぎましたが、コロナ対策で一人10万円の給付が実現しました。（＊51頁参照）

もっとさかのぼれば、１９３０年代の不況時に高橋是清蔵相は、ケインズよりも早く日銀引き受けの国債で内需拡大をしました。なぜ今それができないのでしょうか。

Q② 「福祉（社会）」ということばは、久々に見た気がします。かなり古い70年代頃の考え方ではありませんか？　現在も有効なのでしょうか？

A

「**福祉国家**」というほうが一般的でしょうが、同じことです。古いといえば、70年代どころか20世紀の前半からあった国際的目標です。標準的な定義があるわけではありませんが、福祉政策を重要視する国・社会のことで、今後も生き続けるでしょう。

日本は憲法25条で「国はすべての生活部面について、社会福祉、社会保障及び公衆衛生の向上及び増進に努めなければならない」としているのだから、福祉国家をめざしているのです。しかしつい先ごろまで、国際社会で福祉国家のリストには載りませんでした。GDPと比べた社会保障支出の比率が低かったためです。最近は高齢化などで支出が増えたため、一応リストに入ったようです。

福祉型の経済成長とは、福祉のために利用される財・サービスの生産が増えて成長に貢献している経済、ということです。家族介護から介護保険のヘルパーさんに代われば、GDPは増えても実体の生産量は変わりませんが、介護の社会化が進めば実体のサービスも増えていくでしょう。社会保障以外にも、災害防止の公共投資も、教育費も福祉のための生産と言えるでしょう。そのためには**大きな政府が必要**という提唱です。

その福祉国家を政策目標にすることには、「古い」ということよりも別の反対論が気になります。左派系からすると、それは資本主義の延命策に過ぎないというのです。『新編社会科学辞典』（1989年発行）を見ると「資本主義を社会主義に変革することなしに資本主義の矛盾と階級対立をとりのぞいて国民の真の幸福が実現できるという議論」だと批判しています。従って左派系の社会運動では、一種の禁句になっています。しかしそれでは、社会の改善が遅れることは確かでしょう。ただし、左派系にも福祉国家論を活用しようという動きもあります。「福祉国家と基本法研究会」はその一つで『新たな福祉国家を展望する』（2011年発行）という著作もあります。

一方で、トランプ米大統領の演説のように「資本主義を改善したら社会主義になってしまう」という心配もあるようです。

というわけで、とりあえず「**福祉社会**」というネーミングはどうでしょうか。

【補論】

コロナ不安への社会的対応について

（2020年5月9日）

1　予防ワクチンがない現在（2020・5）、集団免疫獲得のために適度の感染拡大は必要、というのが感染症対策の通説のようだ。しかし、感染拡大は死亡者拡大を招く危険があるので、拡大防止を軽視することはできない。拡大防止対策は、社会的な「三密」の回避策などだ。

2　感染拡大が速すぎると、医療崩壊の事態を招く恐れもある。国の準備体制次第だが、日本は医療体制貧弱のためか、ＰＣＲ検査の抑制などによって、拡大を隠してしまう政策をとったようだ（ただし死亡数が比較的に少ないことは、嘘ではないだろうが）。

しかし拡大はかなり進んでいて、一部に医療崩壊の危機感が強まっている。

3　三密回避の手段として、感染者の隔離徹底が有効であり、無症状、軽症者も在宅でなく病院、ホテルなどの施設に収容して保護するのが最強かもしれない。

まず感染者の確認のために、検査（ＰＣＲ、抗体の二つ）の充実が必要だが、日本ではきわめて不足している。隔離の徹底にも検査にも、多くの財源が必要だが、政府にその用意がない。

それらの拡大減速対策不足の結果、日本での感染は現在じりじりと拡大している。しかしまだ「速すぎる」という状況でもないようだ。

4　逆に、三密回避対策が行きすぎることもよくないだろう。

その場合、いつまでも集団免疫が獲得できず、感染拡大が収束できないからだ。減速対策としての、地域や経済活動などの封鎖による三密回避策が行きすぎると、経済や社会生活が崩壊してしまう。適切な規制緩和が必要だ。スウェーデンは大幅な緩和戦略をとったというが、成果はまだはっきりしない。

5　三密回避により感染速度を適切な速さ（遅さ）に調節することが必要だとしても、具体化は容易ではない。多かれ少なかれ、それによって生ずる国民生活や経済活動への負担は、国家財政による十分な援助が必要だ。

6　当面何よりも優先すべき対策は、重症者と死亡者を増やさないことだ。そのために政府はあらゆる政策を集中すべきである。

しかし現在までの対策は、あまりにも遅すぎる、小さすぎる。基本的な原因は、財務省を金縛りにしている妄執的な財政破綻論である。この妄執の壁は、政治の力で突破するしかないだろう。日本の現状で、コロナ対策や経済支援による財政破綻はあり得ないことだ。

医療崩壊・経済崩壊を防げ——スガノミクスでどうなる

（2020年12月）

コロナ病感染の第3波の拡大につれて「医療崩壊」という物々しい言葉が飛びかうようになった。悪くすると、やがて「経済崩壊」という段階が来るかもしれない。その原因を考えると、**根本は緊縮財政という失政のツケが回ってきた**と言えるのではないか。従ってその防止対策の根本も、緊縮財政の転換だろう。もっとも、国債増発による積極財政に対しては、「財政崩壊」というたぐいの言葉も乱舞しているが、しかしその心配に根拠は示されていない。

▼医療崩壊の中身

医療崩壊とはなにか。二つの現象がある。一つは、**医療サービスの供給力が不足する**こと、もう一つは**医療事業の経営が収入不足**で行き詰まることである。どちらも国民の健康維持を脅かす大問題である。原因は明らかに失政のためだが、緊急に対策が必要だ。対策にはまずカネが必要だが、医療サービス供給力不足については、設備も人員も増やすには時間がかかるだろう。失政のツケは重いが、やるしかない。しかし**経営対策のほうは、政府がカネを出せば簡単に済む**話である。

医療対策の具体案は各方面から出ていると思われるが、一例として２０２０年12月４日にれいわ新選組が菅首相に手渡した「医療現場の医療供給体制強化に関する緊急申し入れ」を見ると、７項目の対策が詳しく書いてある。どれもすぐ実施してもらいたいものだ。日本経済は、医療だけでなく生活と生産が行き詰まる経済崩壊の危機にあることが、ますますはっきりしてきた。政治は、政府も政党もそのことに、もっと敏感に反応してもらいたいものだ。

▼菅政権の対応の評価

菅政権はどう対応するだろうか。

２０２０年12月８日の閣議で「国民の命と暮らしを守る安心と希望のための総合経済対策」が決まった。菅政権の政策は10月26日の所信表明などもあり、ほぼ出そろった。具体策は総合経済対策で示された。タイトルは立派なものだが、中身はどうか。

大きな財政出動を期待したが、結論的に言えば、残念ながら見せガネ含みのケチケチ予算を計上したものになった。これで医療崩壊と経済崩壊を防げるとはとても思えない。かねてから積極財政を提唱している評論家三橋貴明氏は「第3次補正予算の惨状」と酷評した。

ケチケチ予算という見方には異論もあるだろう。何しろ2020年度には、合計100兆円以上の国債を発行する。過去に年度間50兆円を超える国債発行は、リーマンショック後の09年度だけだったから、まさに空前の大量発行だ。ただ内容はケチケチと言わざるをえない。

「大きな政府」で日本の生活・生産を再建する

（２０２０年10月12日）

日本経済は「失われた20年」とか「平成不況30年」とも言われる停滞続きと、２０２０年からのコロナ不況が重なって、深刻な不安にさらされている。それは年末から来年にかけてさらに悪化するとみてよいだろう。「令和恐慌」到来という見方も出ている。政府は、来年度予算の編成と併せて、第３次補正予算による財政出動も必要になると思われる。

菅義偉首相は、新政権による解散総選挙対策としても、積極的な財政出動をはかるはずだが、最大の難問は財源対策だろう。具体的に言えば、国債増発をどこまで拡大できるかである。もちろんその前に、国民生活安定のために必要な「支出」の拡大をどう見積もるかが、まず大きな課題だ。

▼じり貧・デフレの日本経済

経済不況とデフレの主な原因は「モノを買わない」という需要不足で「モノが売れない」ことであり、結果として景気が悪くなり、国内総生産（GDP）は成長できない。**アベノミクスはデフレ克服と成長回復を目指したが実現できなかった**（第2章参照）。

アベノミクスでは民間の消費・投資、政府の消費・投資の需要が伸びなかった。輸出需要は伸びて外貨は溜まり、対外純資産は世界一（Q⑧、55頁参照）という金持ちになったが、それは国民の生産物を外国に渡して外貨というツケに代えただけだ。それらの需要合計のGDPはほぼ横ばいの停滞だ。

アベノミクスで記録的な景気上昇が続いたという見方もあるが、ゼロに近い上昇指数での景気が長く続いたというだけだ。

成長率の数字を見てみれば、別の実態がわかる（各年度の実質成長率の単純平均値）。低成長が始まった1991年度（バブル崩壊後）から安倍政権直前の2012年度（民主党政権）までが0・9％、安倍政権下の2013年度から19年度までも0・9％だった。

この低成長経済に対して、先進国経済の成熟の結果だという見方もあるが、**国際比較**を見るとそれは疑問だ。確かに先進諸国の成長率は中国などのように高くはないが、一人当たりＧＤＰ水準（名目ＧＤＰ、米ドル換算値、ＩＭＦ）の日本の順位は先進国と比べてもどんどん落ちている。日本は２０００年には第2位だったが、２０１３年には20位、２０１９年は22位だ。それに対して２０１９年のアメリカは7位、スウェーデン10位、ドイツ14位、フランス18位、イギリス19位と追い越されている。韓国は24位なので間もなく抜かれるだろう。

以上はコロナ不況前の実績だが、まさにじり貧経済であり、これが**アベノミクスの「負の遺産」**である。

▼不安克服に大きな政府が必要

じり貧経済にコロナ禍の追い打ちを受けた経済を立て直すのは、大変なことだ。コロナそのものの治療・予防対策と、それによる経済的打撃の回復策と並行して、じり貧のアベノミクスの遺産からの脱却と成長策が必要だからだ。

コロナ対策のための直接的な人的物的供給の拡大は緊急に必要だが、経済的打撃への所得補給も不可欠であり、それらのためには多額の国費が必要だ。つまり**「大きな政府」**が

必要だ（「大きな政府」については次の項目、43頁～も参照のこと）。

すでに2次にわたる補正予算が組まれて執行されているが、**十分なものとはとても思えない**。必要額については、経済学者・研究者、政治家・政党、有識者などから多くの提案・提唱が出されているが、これまでの補正予算はそれらをはるかに下回っているからだ。

（註）提案の具体例

「薔薇マークキャンペーン」（代表、松尾匡立命館大教授）の提言（20・5・21）「真のコロナ経済政策のポイント」すべての人に現金給付20万円を2回と消費税停止で70・4兆円、感染リスクのある職場で働く人に必要な供給力の維持・増強に32・5兆円、事業・学問継続のために29兆円――など5項目合計で約140兆円。これとは別に「景気回復に必要な政府純支出額の目安」を103兆円としている。

政治家では、「議員連盟日本の未来を考える勉強会」（会長安藤裕衆院議員―自民党）が「国民を守るための真水100兆円令和2年度第2次補正予算編成に向けた提言」（4月30日）。れいわ新選組（山本太郎代表）の「コロナ緊急政策」は消費税廃止、一人10万円を毎月支給（年間144兆円）、社会保険料などいろいろ免除――など5項目を提唱。

▼「負の遺産」のツケ

菅首相は、最重要課題として「新型コロナウイルスの感染対策を講じながら、国民生活を守り、経済を再生していくこと」を強調しているのだから、これらの積極的な財政政策の提言を重視すべきだ。それには、なによりも「大きな政府」政策への転換が必要だ。

大きな政府は、コロナ対策以前のじり貧経済対策としても基本的な課題だった。経済停滞の原因は「モノが売れない」需要不足だが、主な不足分野は内需（民間と政府の消費と投資）である。それらの内需の増加がすなわち経済成長だ。そのために必要不可欠なのが大きな政府なのである。

しかしバブル崩壊の平成時代以後の経済政策は、企業本位・民間本位の**新自由主義**と、小さな政府主義だった。⇓**Q＆A③**（38頁） この政策も本来の目標は民間主導の経済成長だったが、結果は出せず、逆になり、じり貧と貧富の格差拡大の無残な姿となった。自然災害や疫病流行への備えの不足もあらわになったが、これらはみな過去の緊縮財政による「負の遺産」のツケが回ってきたものと言えよう。

▼財源は国債発行で十分にある

大きな政府という言葉にはいろいろな意味があるが、まずは大きなカネだ。政府のカネの使い方は、支払いには「買う」「給付」「貸す」の種別がある。その**財源**には「税金・社会保険料」「借金」「その他雑収入など」の収入があるが、もう一つ大きなものとして「**通貨発行**」がある。コロナ対策と日本経済再生のために必要な財政は、支払いを思い切って大きくすることであり、その財源を調達することである。

いま一番大きな支払いが必要なのは「給付」(財政用語では移転支出と言う)だが、公共投資などの「買い物」や、低金利か無利子の「貸付」も拡大する必要がある。どの場合にもそのカネは購買力となって、国民の生活を支え、経済成長に役立つことになる。そのカネを惜しみなく使う政治ができるかどうかが与野党ともに最大の政策的課題になる。

恐らくその際の難問とされるのは財源対策だろうが、**実は難問ではない**のだ。註記した諸提案による財源対策に共通しているのが**国債発行**である。そのほかに、応能負担による所得税、法人税、資産税、富裕税などによる増税案もあるが、緊急の財源とするのは難しいだろう。**政府の通貨発行権の行使**は可能だが⇓**Q&A④**(38頁)、これも新政策の採用なので手間がかかるだろう。しかし国債は、発行手続きは経験済みで簡単である。国会で承認されれば、いくらでも発行できるが、問題になるのは、**その限度額**だろう。

大量の国債を抱えて、国民の経済生活や財政運営に支障はないのか、という問題だ。大蔵省（現財務省）はかねてから国債増発による財政危機を警告し、財政破綻の恐れを訴えている。

▼国債増発による「大インフレ」はない

国債の増発が大き過ぎた場合に起こる経済的な支障として指摘されるのは、**インフレと「財政破綻」**の二つだ。いま「大きな政府」の具体案を出している人々も、その点については答えている。「問題ない」という結論で、論拠もわかりやすい。

ここでもまとめておこう。まず**インフレ**。大幅な物価高は誰でも困る。しかし景気が良くてモノが良く売れて、多少の値上がりになるのは、経済改善のためにむしろ好ましいことだ。もちろん、賃金などの収入がそれ以上に増える必要がある。デフレ克服とはそのことであり、そのためにアベノミクスで日銀は2％のインフレ率を目標とした。金融緩和政策によってデフレからインフレに転換することが必然と考えて、その上限を2％としたのだ。

しかし結果は、消費税引き上げ時（2014年）以外は消費者物価が2％まで上昇した年はなく、デフレ状況が続いている。金融緩和だけでカネが銀行にいくらだぶついても、モノは売れないのだ。消費者の懐にカネがなければならない。企業が投資をしなければならない。それには大きな政府が多くのカネを支払わなければならないのだ。

そこで問題は、**提案のような大規模な財政資金の支払いで、2％を超えるような大インフレが起こるかだ**。専門的な経済予測機関の仮定計算によると、この程度の国債増発では、**その可能性はない**、と「日本経済復活の会」と「れいわ新選組」は報告している。もしこれらの予測を超える大インフレになりそうなら、ブレーキをかける政策はいろいろある。

（註）日本経済復活の会（小野盛司会長）は、一人10万円を毎月給付する案を「日経NEEDS」の日本経済モデルで予測。れいわ新選組は、参議院の調査情報担当室にマクロ計量モデルによる予測を委託。

なお、インフレによる直接的な損得発生について付言する。インフレは貨幣価値の下落だから、金銭での資産も負債も目減りする。従って金持ちは損、借金持ちは得をする。そのため買い急ぎや換物行動などが起こる。労働組合はもちろん賃上げ要求をするだろう。政府の借金（国債）も目減りするから、その限りでは歓迎だろう。**超インフレ**となれば過去の借金は実質ゼロに近づく。⇓**Q&A⑤**（39頁）

▼「財政破綻」はない、子孫にツケは回らない

次は**財政破綻の問題**だが⇓**Q&A⑥**（41頁）、それは具体的にどういうことか。家計や企業の場合と同じように、収入がなくなって借金も返せなくなることだろう。結論から言えば、日本国政府ではその心配はいらないのだ。日本の政府は、**家計や企業とは違って、いくらでも収入を作り、いくらでも借金を返せる。それが国家権力**というものである。

理由は、国民経済に生産力がある限り、**税金を徴収できるだけでなく、政府と日銀が日本円の発行権を持つから**だ。円建ての国債が支払い不能になることは決してない（日本は、外貨もたっぷり持っているから、外貨建て債務の返済にも心配はない）。国債をめぐる政府と日銀の関係については、このあと「おカネの造り方」48頁を参照のこと。

もう一つ、破綻と言うかどうかは別として「**今の世代の借金のツケ**の支払いを子孫の世代に負担させることになる」という財務省などの意見がある。「子や孫に負担をかけたくはない」という日本型心情を刺激する意見だ。

この問題でまずはっきり認識する必要があるのは、借金をしているのは国民ではなく政府ということだ。経済主体としては、国民と政府は別のものであり、国民は、現世代も将来世代も国債を貸している立場であって、借りているのではない。ツケ払いの義務はないのである。

ただし将来の政府が、将来の世代から税金を取って返済すれば、国民の間で所得の移動は起こる。誰から税金を取るかで移動の内容は変化するが、それによって世代全体の生産物が目減りするわけではない。そもそも現世代が将来世代の生産物を消費することができるだろうか。

しかし、実際には、税金を取って返済する必要などないのである。先述したように政府はいくらでも返済用の通貨を発行できる。しかも、国債保有者は返済を受けて換金する必要もないのだ。国債を日銀の債務（日銀券）に取り替えたら、利息はつかない。政府に貸し続けるほうがずっと合理的だろう。

というわけで、子孫へのツケ回しという心配は全くないのである（第2章Q＆A⑱、105頁も参照）。

▼子孫に遺してはならないのは「負の遺産」

子孫に対して国債によるツケ回しの心配はないが、ほかに大きな心配ごとはある。小さな政府による今の政治・経済・社会の活動が、将来に貧乏、病気、災害などの不安いっぱいの「貧しい国」を遺してしまうことである。負の遺産という言葉がよく使われるが、これも負担しなければならないツケの一種だろう。

それを避けるためにも、今こそ大きな政府による反緊縮の積極財政が必要なのである。目前には「平成不況30年」の停滞経済の負の遺産としての貧困と差別の拡大、大災害の頻発と遅々として進まない復興、コロナ禍で露呈した公衆衛生対策や医療体制の不備などが山積している。

願わくは、政策の大転換によって、負ではなく正の遺産を子孫に遺したいものだ。その責任は、なによりも政治にある。政権担当の与党、政権獲得を目指す野党、政権を選ぶ権利のある国民のそれぞれに、政治の改善・改革の責任があるはずである。

Q③

経済成長／経済停滞について、新自由主義の考え方と対比させながら説明してください。

A

これは本文で書いていることの要約になります。新自由主義は、国民経済の成長を目指すのでなく、大資本のグローバル（全地球的）な成長が目的ですから、諸悪の根源です。これを打破しなければ成長もできません。現実はそうなっていません。

福祉型の国民経済で、人の役にたち、楽しみや幸福のために利用できるモノをたくさん生産する経済にしたいものです。

Q④

「政府の通貨発行権の行使」とありますが、具体的にはどういうことですか。

A

すでに具体的に行使しているのです。「おカネの造り方」*がその説明です。もう少し補足しましょう。法律では政府は貨幣、日銀は日銀券の発行権を持つと書いてありますが、貨幣とは硬貨のことを指しています。発行したら「貨幣発行益」として予算の歳入に計上されます。政府が紙幣を発行するときには法律の書き換えが必要になりそうですが、今は日銀券が実質的な政府紙幣なので、その必要もないでしょう。政府は日銀券を発行益として計上するのでなく、国債発行によって事実上無利子で、いくらでも借りられるので、発行権を持っているとも言えます。＊このあと1章48頁参照

Q⑤ 貨幣が紙きれ同然になってしまうハイパーインフレは、本当に発生しないのでしょうか。

A

インフレの良し悪しを論ずるのは「誰にとってか」をはじめとして、簡単な問題ではないですが、とりあえずハイパーインフレを防ぐことを考えましょう。

ハイパーとは「極度の」という言葉ですが、どの程度のことかについての定説はないようです。

ウィキペディアの資料などによると、

1：国際会計基準では3年間で2倍（年率26％上昇）をハイパーインフレと呼ぶ。米国経済学者ケーガンは、月率50％（1年で約130倍になる）とした。

2：第一次大戦後のドイツの物価は、戦前の約2万5千倍になった。まさにハイパーだった。

3：戦後の日本は、1954年の消費者物価が戦前（1934〜36年）の約300倍になった。東京の年間小売物価上昇率は、最大の年で6倍（1946年）だった。

4：現在の政府・日銀のインフレ目標の2％が10年続くと、累積で約22％、1・2倍強に上昇する計算になる。1％なら10％、1・1倍だ。

日本経済の当面の問題としては、かつてない大規模な国債増発による財政出動の政策提案が各種提唱されていますが、実施した場合どの程度の影響があるかということでしょう。すでに提唱者による予測が示されています。内容は、どれも政府・日銀のインフレ目標には届かないとのことです。つまり、ハイパーとは全く縁がないです。日本の課題は、どうしたら目標を達成できるかです。ハイパー心配者はどんな事態を想像しているのか、聞きたいです。

なお、インフレを止めるには、貨幣の発行を止めたり減らしたりすれば容易にできます。デフレを止めるのに比べれば、簡単なことです。念のため強調しておきますが、**政府の貨**

幣増発は、デフレギャップ*解消までが限度です。（＊51頁）

Q⑥

ギリシャの財政破綻が喧伝されたことがあります。これはどう考えたらいいでしょうか。また、海外の国債の格付け会社が日本の国債を低く評価したり、ハゲタカファンドが介入してきて日本の国債価格を暴落させたりする心配はないでしょうか。

A

財政破綻とは、収入不足のために、必要なカネが払えなくなること、借金が返せなくなることですが、政府は収入を補うために増税や新しい借金の努力するでしょう。ギリシャ政府は今も健在なのですから、それができているはずです。

収入をはかる方法として、日本と大きく違うのは、政府が通貨ユーロの発行権を持っていないことです。収入は税金か国内外からの借金しかありません。それは容易なことではないでしょう。

たとえれば日本の中の夕張市のようなものです。夕張市も税金と借金（地方債など）の獲得で苦労しているでしょうが、通貨発行権を持つ政府の援助はいくらでも増やせますから、倒産はしません。ギリシャも同様で、EU政府の援助がありますが、それがあまりに苦しければ、EUから脱退して独自の通貨を発行するでしょう。しかしEUとしては、それは困るから、支援せざるをえないでしょう。

日本の国債はギリシャとは全く違います。格付け会社の評価は、どうであっても、外国人はほとんど日本国債を持っていません。売りに出しても日銀が無制限に高く買っているので、暴落など起こりません。しかし格付けの低評価は日本経済への低評価につながりかねないので、政府は、強く批判しました。

「大きな政府」という言葉について

（２０２０年10月25日）

日本の生活・生産を再建するために「大きな政府」が必要だと提唱したが、「大きな政府」という言葉はあまり聞き慣れないものかも知れないと思うので、付言しておきたい。

▼政府の介入が必要な理由

「**小さな政府**」は**新自由主義**の緊縮財政とかケチケチ財政を代表する言葉としてよく使われるのだが、その逆の代案としての「大きな政府」という言葉は、ほとんど使われないようだ。なぜだろうか。

小論でも「大きな政府という言葉にはいろいろな意味があるが」とことわったのは、大きなカネを動かす以外の意味もあるからだ。

そもそも政府というものは、国家の中で最大・最強の事業体として「財・サービス」というモノを生産・供給したり購買したりしているが、民間の事業体と大きく違うのは、**公共サービスとしての国家権力行使**だ。従って、大きな政府とは、大きな権力をも意味することになるだろう。

本来は、国家権力は主権者の国民が、国民のために行使するのが民主主義だが、現実の政府は必ずしも国民の代理にはなっていない。民主主義が徹底していない限り、大きな政府はごめんだ、という心配があって当然だ。そのため、一口に「大きな政府が必要」とは言いにくいことにもなるだろう。

しかしそうではあっても、今の時代は、国民生活の安全・安心確保のために、単に大きな財政支出だけでなく、大きな政府が必要になっていると言わなければならないと思う。なぜなら、自由放任の市場経済のグローバリズムでは、国民の生活も生産活動も成り立たなくなり、**政府の介入が必要になった**からだ。

電子技術を中心とする科学技術の飛躍的な発達は、モノの生産能力を劇的に拡大する半面で、失業や貧富の格差拡大、地球環境の破壊などの深刻な弊害を生みだしている。対策として、政府が大きなカネを動かすことが基本だが、そのためにも政府の権力行使が必要になっている。

▼安全・安心のための財源論とは

大きな政府論が世間に出にくい理由として、さらに大きいのは、政策を裏付ける理論が乏しいためだと思われる。その中心になるのが財源対策と経済成長対策の乏しさである。それでは、大きな政府論は打ち出せないだろう。

社会保障改革問題で、そのことがはっきりする。日本の社会保障政策はかねてから「中福祉中負担」主義とされているが、高福祉に転換すべきだというのが国民多数の要望だろう。左派系の政党・政治家は当然そうなる。だがそれらの政策も、高福祉とは言うが高負担とは言わない。応能負担による増税論の提唱はあるが、国民負担率拡大などによる財政規模の拡大を言うことはない。しかし、本気で高福祉を目指すなら、大きな政府論なしには、実現できないだろう。

なお、保守系の政党の改革論は、元々「低福祉」政策への転換志向なので、大きな政府論にはなりえない。

では、高福祉あるいは安全・安心のための財源論は創れないのか。そんなことはない。当面は国債発行中心の大きな政府により、**先進諸国並みに財政規模を拡大**（ＧＤＰ対比）

すること、および**経済成長率を高めて生産能力を強める**ことである。

社会保障対策で何より肝心なことは、現在も将来も、給付その他の所得再配分には、財物の供給源は基本的にそれぞれの世代の生産物以外にないということだ。過去の生産物も将来の生産物も今の役には立たないのだ。大きな政府による国民経済の成長と生産力の維持発展が必要なのは、そのためである。大きな生産能力があれば、老人や弱者の生活を十分に保障することなど、簡単な話ではないか。

現在、日本の各政党の経済政策は、コロナ対策でも見られるように、**自由放任の資本主義を多かれ少なかれ修正する方向**にある。それには、大きな政府を目指しかないだろう。政策競争は、いわば修正競争である。堂々と「大きな政府」を看板に掲げて、経世済民の政策を争う政党の出現を望みたいと思う。

Q⑦
「大きな政府」の最たるものは社会主義国家ではないでしょうか。社会主義を目指すということでしょうか？　また、北欧諸国のように高福祉＝高い税金というイメージもあります。増税が必要でしょうか。

A

社会主義は必ず大きな政府を必要とするでしょうが、資本主義でも必要になっているわけです。北欧の福祉国家がその実例でしょう。ここでの提唱も福祉国家ですから、社会主義ではありません。しかし日本経済に対して「最も成功した社会主義だ」と評されることもあるので、**ものは言い様**です。福祉国家を社会主義だと言うなら、社会主義はやがて誉め言葉になっていくでしょう。

大きな政府は当然大きな財政ですから、大きな歳入になります。財源は税金が基本ですが、経済が大きくなれば、税収も増やしやすいでしょう。逆に経済が縮小すれば税収も減ることは、日本の財政が証明しています。**経済を大きくするために、まず国債発行を財源にすべき**だというのが現状なのです。税金は能力に応じた負担にするのが、「共生」あるいは共助・公助の社会の大原則ではありませんか。

おカネの造り方について

（2020年11月30日）

おカネは漢字では貨幣とか通貨と言い、法律でも使い分けているが、英語ではどちらもマネーだ。おカネについて世間では、「経済活動の血液」「命の次に大事なもの」「カネは天下の回りもの」などさまざまに言いはやされている。貨幣経済の社会では、それだけ重要なものである。ここではおカネの造り方、回り方の仕組みを調べておこう。

▼日銀券の仕組み

カネは、天下に回る前にまず造り出されなければならない。買い物の支払い手段としては、現金貨幣のほかにも、銀行預金（預金通貨という）、カード、商品券などがあり、時には借用証（つけ買い）までいろいろあるが、主役はお札と硬貨である。

政府と日銀は、国内で強制通用する貨幣（法貨）の発行権限を独占している。これが最も根本的な仕組みであり、どちらも法律で定められている。お札は日銀券、硬貨は政府と手分けし発行しているが、どちらも基本的に国家権力の通貨発行権（英語でセイニョリッジ Seigniorage と言う）に基づくものだ。日銀は、資本金1億円の金融機関だが、55％の出資証券（株式）を政府が持っていて、事実上の政府機関である。日銀の収益は、政府の「税外収入」として納入されるから、日銀はいわば政府の「子会社」と言ってよいだろう。これも根本的な仕組みである。

まず、**日銀券はどうやって発行されるか**。

日銀は民間企業または政府の持ち込んだ借金証文（手形、有価証券、国債など）を担保（資産）として銀行に対して「**日銀当座預金**」という負債勘定の口座を設定する。これは日銀にとっては借金なのである。預けた銀行は、この口座から現金（日銀券）を引き出したり、他の銀行の口座への支払いに使う。日銀券はこうして銀行の窓口から市中に出回ることになるが、この仕組みでわかるように、**お札は日銀発行の借金証文に相当**する。ただしこの借金証文を日銀に持ち込んで物的な返済を求めることはできない（過去には金貨に変換できたが）。

（註）日銀のバランスシートには、資産勘定に貸出や国債などの借金証文の金額、負債勘定にそれと同額の日銀券・当座預金が記録されている。日銀とは、他人の借金を自分の借金に作り替えて、貨幣として流通力を持たせる機関といえよう。

それが日銀券というものである。**日銀当座預金は、日銀の判断次第でいくらでも計上できる。**しかし、金融緩和でそれが多量にあっても、多量に使われるとは限らない。民間企業の資金需要が少なければ、当座預金が空しく積み上がるだけだ。現在がそれである。

日銀が銀行から買い取った資産のうちの国債の利子は、日銀の収益の一部になって政府に納入されるから、事実上無利子の借金だ。**いくら積み上がっても政府の負担にはならない。**いま国債は日銀が直接買い取ることはできないが、銀行から買い入れても直接引き受けても経済効果は同じだ。ただし銀行としては企業への貸出先がないと、国債を持って利息を稼がなければならない立場だ。日銀の直接引き受けも、いずれあるのではないか。

一方、政府発行の**硬貨**は、政府が自由に鋳造し、通貨発行益の収入として、支払いに使う。日銀券のような裏付けの担保はないが、やはり強制通用力を持つ。実質的な裏付けは、国家権力と言えるだろう。これは、国家にとっては一種の借金証文に当たるのではないか。

さて、このようにしてカネが造られるとすると、カネというものはいくらでも造り出せるものだとわかるだろう。⇓Q&A⑧（54頁）

政府、日銀（中央銀行）の貨幣発行権を基礎として、銀行も企業への貸し出しとセットにして負債勘定に預金口座を設定すれば、「預金通貨」を造れるのだ。ということは、国も銀行も、カネが必要と考えるところには、いつでもカネを造って供給することができるのだ。⇓Q&A⑨（56頁）

問題は、どこへどれだけの供給が必要か、また通貨発行額に限界はないのかということだ。それは国民経済の状況によるのである。

▼インフレギャップとデフレギャップ

通貨発行の限界に関して重要なことは、カネはいくらでも造れるが、それで**買うモノの生産量（ＧＤＰ）は、生産能力と需要量で決まってしまう**ということだ。生産能力の上限が生産量の上限になるが、需要がそれを上回れば**インフレギャップ**が生まれて物価が上がるだけだ。逆に需要が生産能力を下回ると、**デフレギャップ**が生まれて不況、物価下落となる。インフレ化の場合は、適度の物価高ならば景気が良くなり、設備投資も行なわれて、生産力はさらに高まる。しかしデフレの場合は、放っておけば生産者は設備も雇用も減らして生産力の低下、雇用・賃金低下と、需要の低下の悪循環に陥ることになる。現在の日本経済はそれに近い。

従って、デフレギャップは解消しなければならないのだが、対策としてはただカネを造れば済むということにはならない。**カネとともに需要を増やす必要がある**のだ。それには、カネを増やすための金融緩和だけでなく、需要拡大に役立つところへカネを配らなければならない。しかし、カネはいくらでも造れることが理解できたら、デフレ対策はぐんとやりやすくなる。

そのように、多くのカネを動かして、必要な需要と生産を増やすには、どうしても「大きな政府」が必要なのである。多くのカネを動かす際の問題は大きなインフレを防ぐことだが、財政破綻の心配はない。

▼カネの回し方が問題

政府と中央銀行によって造られたカネは、どのように「天下を回る」のか。回すのは人間であり、自然法則ではない。その回し方次第で、人間社会は幸福にも不幸にもなるという大問題である。

貨幣の機能は複雑多様だが、ここでは当面の日本経済の運営との関係に限って考える。結論的に言えば、大きな政府で、日本を豊かな福祉社会とするために、大きく回す必要があるのだ。

新型コロナ病の世界的蔓延（パンデミック）は、**国家経済のカネの回し方に、変革**をもたらすことになった。国民の生活と生産を維持するためには、政府と中央銀行は、必要なカネを大量に発行して配るべきであり、可能であることが世界の常識になってきたのだ。それは結果的に経済成長を維持することになることもわかった。

日本では、20年度第一次補正予算で国民全員に一人10万円を給付するという、空前のバラマキ財政が実現した。財源はとりあえず国債で賄う以外になかったが、今後のコロナとデフレの成り行き次第では、**引き続きバラマキを続けなければなるまい**。そうなると、国債発行は「とりあえず」では済まず、継続的に発行しなければならないだろう。そうしなければ、国民の生活が成り立たず、生産活動もできないとすれば、やるしかないのだが、やることができるかどうかが現実問題となってきた。「できる」(ただし大インフレ防止が限度)というのが国の貨幣発行権論である。

Q⑧

少し前にアジア通貨危機がありました。国家は通貨をいくらでも造れるにもかかわらず、これはなぜ起こったのでしょうか。

A

まず**通貨危機**とは何かですが、大まかに言うとカネが足りなくなって、経済活動が行き詰まることでしょう。金融危機とか経済危機というものも、ほぼ同じです。では、政府・中央銀行がカネを造って供給すれば防げるのではないか、となるでしょうが、造れるのは自国の通貨だけです。

1997年のアジア通貨危機は、外貨不足とそれによる自国の為替レートの暴落でした。

暴落には国際的な投機業者が絡んでいたのですが、外貨不足は輸出不振と輸入増加が原因です。危機からの脱出には、なによりも外貨を稼がなければなりません。そのため、外貨を借り入れながら、厳しい緊縮経済で輸出増加と輸入抑制をはかられました。

この時日本経済は、橋本内閣が消費税を引き上げ、その後の長い停滞のスタートとなりましたが、外貨は大量に持っていましたので、危機対策のカネを援助する側でした。しかしアジア経済の不況は日本の停滞を深める要因でした。援助は日本のためでもあったのです。

ついでですが、**日本経済が世界一のカネ持ち**だということを話しましょう。カネというのは**外貨**のことです。財務省発表の「本邦対外資産負債残高」によると、2019年末の対外純資産の残高は364兆5250億円です。1ドル100円として換算すると3・64兆ドルです。この金額は**ダントツに世界一**なのです。資産のうち政府の外貨準備は144兆5210億円あります。外貨準備の内訳は、財務省が毎月末の残高を公表しています。

これだけの外貨があると、円レートを暴落させることなどできませんが、**円高ドル安へ向かう可能性は大いにある**でしょう。

Q⑨ 銀行は「預金通貨」を造れるにもかかわらず、なぜ銀行の破綻が起こったのでしょうか。

A

銀行の預金口座（預金通貨）は他人のカネであって、自分のカネではありません。預金口座は銀行にとって負債勘定です。**銀行とは（日銀も）貸し出しへの借金証文を貨幣に造り替える事業**です。貸し出しは現金で返されてくるという信用のもとに、預金口座を与え、何時でも現金に換える約束をします。その約束が信用されて預金は通貨として使われます。

しかし貸し出しが不良債権化して現金として返って来ないときは、預金を現金に換えることができなくなります。そうなると生産者もその銀行からの貸し出しを受ける預金口座をつくりません。銀行の収入源は貸し出しの利息ですから、貸し出しができなければ倒産です。貸し出しという資産の利息も元本も回収が怪しいのが不良債権と言われます。

バブル経済の時は不良債権を造り過ぎた結果、借り手も貸し手もつぶれてバブルは崩壊したのです。

企業の経営は、費用を支払うカネがないとか借金が返せないというときには、行き詰まります。もし追加の借金ができれば経営を続けることができますが、それができないと倒産です。銀行経営も同じで、カネを貸してもらえれば破綻しません。銀行は本来カネ持ちで、カネを貸す側ですが、貸したカネの利息と元本が返って来ないとなると、借り手の立場になります。カネを造れる政府か日銀が貸してくれればつぶれずにすみますが、そこに見放された時には、つぶれるしかありません。

言い換えれば、企業をつぶすのは銀行、銀行をつぶすのは政府・日銀です。従って**バブル崩壊は政府・日銀の仕業**です。この仕組みが、企業再編成にも使われます。

第2章

アベノミクスの検証を通じて財政政策/金融政策/経済戦略を学ぶ

日本の経済状況をいまにいたるまで特徴づけている「アベノミクス」。この経済政策をさかのぼって検証することにより、経済政策の基本を学ぶ。まずは、アベノミクス時代に税率が2回上がった消費税問題から。

消費税の使途は社会保障という議論のまやかし

（２０２０年12月）

「消費税は社会保障のための財源」という意見をよく聞く。それを前提にして「社会保障の充実のためには消費税の増税もやむをえない」とする議論が相変わらず根強い。社会保障充実は大きな政府の一つの柱だから、その財源をどこに求めるかは確かに大事な問題なのだ。しかし消費税はそのために不可欠なのか。そんなことはないのだ。

まず、**消費税は、特定の経費に充てるための目的税ではなく、いわゆる普通税である**（いわゆると言ったのは、この公式名称は地方税にはあるが国税にはないからだ）。従って、国の一般会計の財布に入れられて、他の税金と合算されているものだ。もちろん社会保障にも使われるが、社会保障の財源はそれだけではなく、他の歳入（税外収入、国債）も、社会保険料もある。消費税だけをあてにする制度では全くないのだ。

▼消費税＝社会保障というイメージ

２０２０年度の一般会計の数字で見ると、社会保障の歳出予算は３５・８兆円だが、消費税収入は２１・７兆円しかない。10％の消費税の合計金額は２７・５兆円になるが、うち５・８兆円（２・２％分）は地方消費税なのだ。国の取り分を全額社会保障に使ったとしても１４・１兆円足りない。

こういう状況の時に、消費税の使途を細かく区分けして特定することに意味があるとは思えないが、**消費税法にはその規定**がある。「年金、医療、介護、少子化対策」の社会保障4施策の経費に充てる、というのだ。ではこの4施策の経費はいくらか。20年度予算での合計は３１・７兆円である。３１・７兆円の費用に対して２１・７兆円のカネを、どこにいくら割り振っても、穴埋めの別財源10兆円をさらに割り振らなければならないではないか。

こんな無意味な規定をわざわざ作ったのは、**消費税イコール社会保障というイメージ**を国民に押し付けるための目くらまし策だろう。そうしなければ、悪税の消費税を国民に納得させることができないからだ。実際、そう思わされている人が沢山いるようだ。そもそも、普通税の消費税に使途を規定することが必要なら、**所得税、法人税などの使途も規定が必要**ではないか。

消費税はなぜ悪税か。納税は国民の義務（憲法第30条）ではあるが、負担は能力に応じてという応能原則が文明国の制度である。しかし消費税は「生きている者は支払え」という悪平等の「人頭税」の一種である。例えば、10％の税は、金持ちにはなんでもないが、食費分しかお金を持たない人には、食事を10％減らせということになるのだ。こんな悪税は当然廃止すべきものではないか。消費税は消費への罰金だという意見もたくさん見られるようになった。

何よりも、消費税と社会保障を切り離すことが必要である。財源論はもちろん必要だが、社会保障と結びつけたところで、悪税が良税になるわけではない。良税による社会保障充実のありかたを議論すべきだ。消費税にこだわるべきではないのだ。

社会保障充実へ政策転換を

（2020年12月）

社会保障とは「国民の生活の安定が損なわれた場合に、国民にすこやかで安心できる生活を保障することを目的として、公的責任で生活を支える給付を行う」（社会保障制度審議会）ことだ。少子高齢化の日本だが、充実した社会保障を持続的に支えるために必要不可欠な財貨・サービスの供給力は十分にある。社会保障の費用を支払うためには国民と政府の負担するカネが必要だが、経済成長と政府の貨幣発行権限の運用によって賄うことができる。社会保障充実のために「子孫の世代にツケを回す」と言われるような心配は、全く必要ない。

現実に、日本の医療保障は世界に冠たる立派なものだと言われている。医療だけでなく、社会保障全体を充実させ、医療ももっと立派なものにしたいものだ。そのためには、何よりも積極的な財政拡大政策が必要であり、それは可能なのである。そうなれば福祉国家型の経済成長も実現するだろう。景気も良くなる。

▼国民は社会保障の充実を望んでいる

社会保障充実には、当然ながら社会的に負担するカネが必要だ。そのカネの大きさは、**国の総生産（GDP）の大きさと、それと比べた給付費の比率の大きさ**の二つで決まる。GDPが小さい貧乏国では、給付率でどんなに頑張っても、貧しい保障しかできない。

最近わが国の社会保障制度の改革でのキーワードとされている**「持続可能」な制度⇓Q&A⑩**（68頁）というものは、給付費率の抑制がポイントであろう。高齢化で年金と医療・介護費はじりじりと増える。少子化で労働力は減るのでGDPは増えない。給付費率は年ごとに高まる。これでは今の水準の給付を続けられない、制度として持続不可能、という理屈だ。一部の学者には「社会保障亡国論」まである。

では日本の社会保障はそんなに贅沢なものなのか。とんでもない。**国民生活世論調査での政府への要望**は、いつでもトップになるのが「社会保障の整備」である。「整備」という言葉には「抑制」という考えも含められるような設問だが、圧倒的な要望は「充実」のはずだ。それを別の数字で見たのが、**対GDP比率の国際比較⇓Q&A⑪**（69頁）である。

欧米諸国と比べると、日本（22・15%〜2015年度）より低いのはアメリカだけで、ヨーロッパの主要国はみな高い。医療保障制度はともかく、社会保障全体は、決して世界に冠たるものではないのである。

「これからが大変なのだ」という反論もあるだろうが、まずは現状認識が大事だ。日本の社会保障は、もっともっと充実させるべきなのである。

▼医療・介護産業が経済成長を牽引する

今や日本の現実は、少子高齢化、低成長経済、所得格差拡大、家族構造の変化などによって「生活の安定が損なわれる」要因が増大している。国政の最優先の課題は、国民の生活の安定だから、社会保障の充実もまた最優先の課題のはずではないか。

そこで最大の問題は、その実現のための物財と役務（サービス）（以下両者を総称してモノと言う）の需要に対して、供給が十分にできるか、である。持続可能改革論は、それが難しいという認識なのである。しかし本当にそうだろうか。

モノの供給（生産）増加のために労働人口の増加が役立つことは当然だが、それだけでなく科学技術などの発達も大いに役立つ。いま日本では、人手不足が大きな話題だが、一方でロボットなどの進歩で「人間が要らなくなる」大量失業時代の到来の不安も強まっている。モノが要らなくなることはあり得ないのだが、モノの生産能力は急激に増大するのである。そうだとすれば、**人口減少で社会保障の給付のための財・サービスの生産が足りなくなる心配など、全くの取り越し苦労**ではないか。どうしても人力の増加が必要なら、外国からの供給を頼むこともできる。

残る問題はカネの調達である。社会保障の給付の増加は国民総生産の増加（成長）要因になるが、それだけでなく、その他の生産も含めた総生産を増加させることで、経済成長を実現させることが必要である。それによって、社会保障費をまかなうためのカネの調達もしやすくなる。

そのために、何よりも必要なことは、積極財政による経済成長政策である。社会保障の充実も経済成長の支えがなくては、困難だろう。しかし逆に積極財政による社会保障充実だけでも先行させれば、それだけ経済成長の促進要因になるのである。**医療・介護産業の牽引する成長**となる。

▼社会保障の財源は?

関連して、是非とも指摘したいのは、社会保障の充実のために「国債増発で後世代の子孫にツケを回してはならない」という議論の間違いのことである（Q&A⑱、105頁参照）。国債増発は、社会保障のためだけではないので、国債一般の問題である。

ツケとは借金の請求書であり、その支払いが後世代の税金負担になると言うのが、ツケ回し論だ。では仮に増税して国債を償還するとどうなるか。その分国民の資産が減って、政府の債務が減ることになる。国債を償還された人は、国債が貨幣に替わって、国債の利子を失う。これで、国民経済になにかいいことがあるだろうか。資産が減った人は損をし、政府の債務勘定が減るだけだ。そんな愚行が必要だと言うのがツケ回し論だ。

社会保障の財源は、税金や保険料だけではない。国債は日銀に買い取らせてもいいし政府貨幣を発行して支払うこともできる。**それが国家というもの**である。国債保有者はいつでも換金できる。国債の発行の仕方によってはインフレ経済になるが、国民にモノの生産力がある限りインフレはない。現に大量の国債を抱えた平成デフレの現実を見ればいい。これからも、大戦争などによるモノ不足が起こらない限り、インフレは簡単に防げるはずだ。

従って、結論は、社会保障充実を含む積極財政による福祉型の経済成長政策によって、日本経済の繁栄と豊かで安定した国民生活を実現することができるということである。そのためには、政府の緊縮財政政策の転換が何よりも必要なのである。

（2019年5月　高田塾会報への寄稿を修正）

Q⑩

「持続可能」な制度について概説をお願いします。

A

持続可能（サステイナブル）という言葉は近年の世界の流行語です。長期的に維持可能という意味ですが、対象になるものはたくさんあって「社会」「経済」「地球」「開発」「環境」などさまざまに使われています。最初に使われたのは地球環境のようで、いまも国連の「**持続可能な開発**」（SDGs）は国際的に有名な標語です。

日本では社会保障に使われることが一番多いかもしれません。もう10年以上も前から使われていて、2013年には「持続可能な社会保障制度の確立を図るための改革推進」という法律ができました。これは民主党政権から安倍政権に引き継がれたものです。

この政策の目標は、大まかに言えば、社会保障給付全体の増加抑制と、給付対象を高齢者中心から子供や若者などの「全世代」に拡大するということです。そうしないと、社会保障制度が長期的に維持できなくなる、というのです。**それは本当か**、というのが私の問題提起です。

Q⑪ 社会保障給付費の大きさの現状はどうでしょうか?

A

国立社会保障・人口問題研究所の統計資料によると、次の通りです(OECD統計はILO基準よりも少し高くなります)。日本の対GDP比は、「福祉元年」の1973年以後、大幅に高まっていますが、国際比較ではまだアメリカよりも低くなっています。日本の社会保障充実には、なお給付費率の拡大と経済成長が必要です。

社会保障給付費の対GDP比率　(ILO基準)

1973年度　　5・37%　(福祉元年)

1980年度　10・03％
1990年度　10・50％
2000年度　14・84％
2010年度　21・10％
2017年度　21・95％
2018年度　22・16％

社会保障費支出国際比較（対GDP比率）　2017年度（OECD統計）
日本　22・68％
イギリス　21・07％
アメリカ　24・88％
スウェーデン　26・46％
ドイツ　27・75％
フランス（2015年度）32・06％
註：OECDは経済協力開発機構、ILOは国際労働機関

消費税のなにが問題か？

（2016年1月4日）

ここで、消費税についての議論があった2016年にタイムスリップしてこの問題をさらに考えてみよう。

▼軽減税率の財源に対する「穴埋め」とは何か

消費税の軽減税率のための財源の「穴埋め」が大変だと言う者がいる。穴埋めとは、一体なんのことか。どこにどんな穴があいたのか。消費税の新しい山（3％の増税分）に、小さな窪みができただけである。穴が掘られたとすれば、法人税の減税などである（別の適切な応能型増税で新しい山を造れば、消費税という山は全部つぶせるだろう）。新しい大きな消費税の山にできた小さな窪みを見て、穴をどうするとか騒ぐのは、おかしくないか。自分が造った新しい山に、小さな窪みを掘ったことが、大善政であるかのように宣伝する政党にも、騙されたくない。

▼消費税は目的税(使途を特定した税金)か?

消費税は「全額社会保障財源に使われる」とされるが、消費税が減ったら社会保障費は減るのか。もし「社会保障費は全額消費税で賄う」という制度ならそうなる(財務省はそうしたいのかもしれない)。しかし今はそうではないし、世界のどこにもそんな国はない。仮に「目的税」であったとしても、それだけが財源という制度はできないだろう。

自公民三党合意(2012年)による社会保障改革推進法は「社会保障給付への国と地方公共団体の負担の主要な財源には、消費税と地方消費税を充てる」としている。しかし目的税にするとも言ってないし、「消費税だけで」とも言っていない。要するに消費税は一般財源なのである。**軽減税率を拡大したら社会保障費を削らなければ、などという言説はとんでもないデマ**である。

消費税は目的税ではないが、国の一般会計予算総則(99年度から)は「**消費税の収入は年金、医療、介護の3経費以外に使えない**」としている(13年度から対象経費に「子供・

子育て支援」が追加され4経費となった）が、**それはどういう意味**だろうか。**⇓Q&A⑫**

２０１５年度予算の社会保障費の財源について見ると、４経費合計が２７・７兆円、消費税財源が１３・３兆円、差額の１４・５兆円が「スキマ」とされている。消費税の金額よりもスキマのほうが大きい。もともと経費合計は、消費税収入がいくらになろうとも無関係に、制度的に決まっているものだ。スキマには他の財源を入れるしかない（仮に消費税のカネに色がついていたら、別の色のカネを使うしかない）。

従って、消費税収入の一部分（交付税計算額を除いて）を全額財源にしたと言っても、実質的な意味は何もない。社会保障費の総額に対するスキマはさらに大きい。「全額社会保障に使う」という言葉に何か意味を持たせたいなら、社会保障費を特別会計にして、消費税は目的税として一般会計からはずし、財源不足分は一般会計から繰り入れればよい。そのほうがいいかもしれない。

（註：財務省は「福祉目的化」というごまかし言葉を使っている。特別会計化は絶対反対だろう。）

軽減税率は実現できるのか、そもそも３％の増税はできるのか。軽減税率の対象と金額、財源の穴埋めの議論は、17年４月からの３％増税実施を前提としている。その具体案の大

消費税の社会保障財源化（財務省HPより）

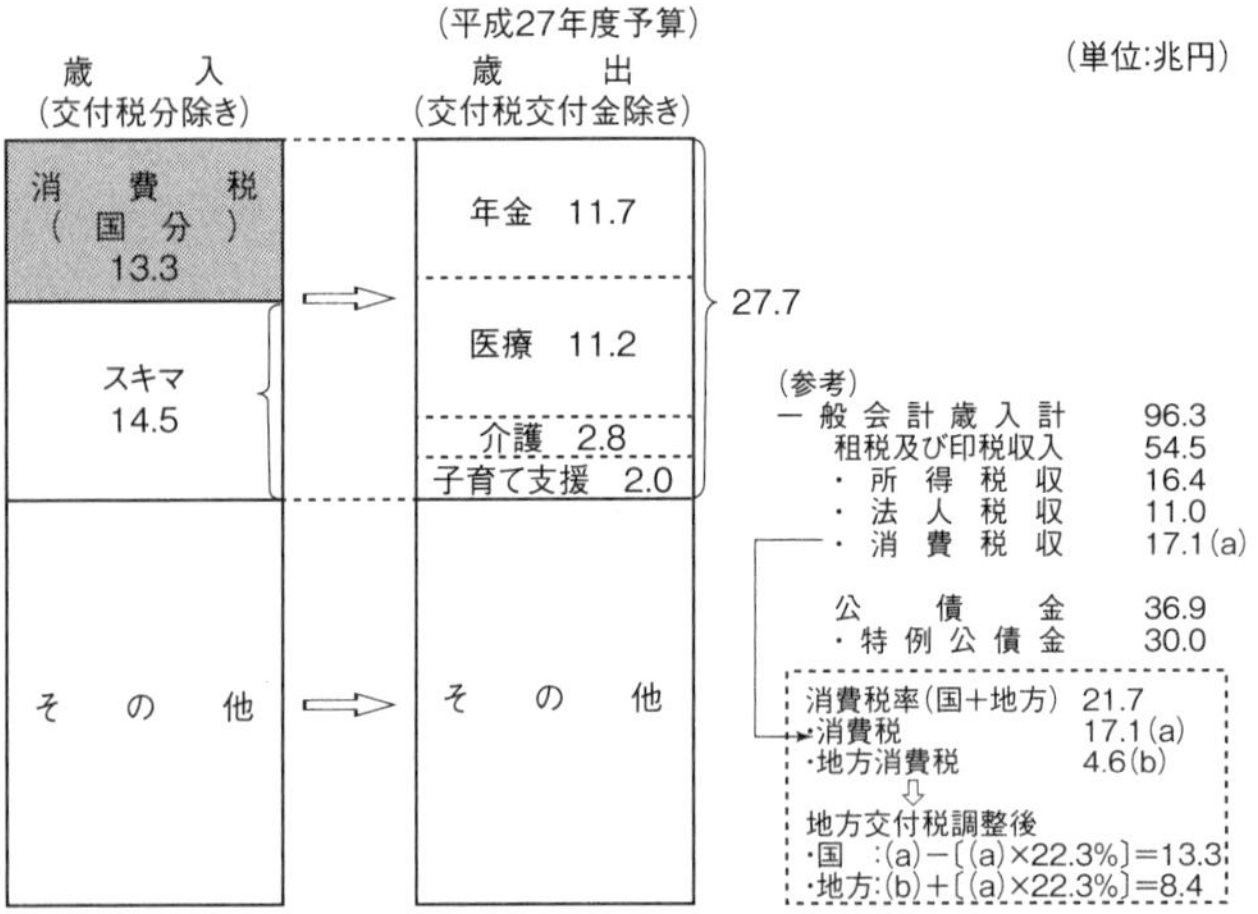
（平成27年度予算）
（単位:兆円）
歳　入
（交付税分除き）
歳　出
（交付税交付金除き）
消　費　税
（　国　分　）
13.3
スキマ
14.5
その他
年金　11.7
医療　11.2
介護　2.8
子育て支援　2.0
27.7
その他
（参考）
一般会計歳入計　96.3
租税及び印税収入　54.5
・所得税収　16.4
・法人税収　11.0
・消費税収　17.1(a)
公債金　36.9
・特例公債金　30.0
消費税率(国+地方)　21.7
・消費税　17.1(a)
・地方消費税　4.6(b)
⇩
地方交付税調整後
・国　:(a)−〔(a)×22.3%〕=13.3
・地方:(b)+〔(a)×22.3%〕=8.4

筋は自公両党で一応合意した。しかしその内容に対しては、各方面に反対や異論がある。本当に実現できるのか。それだけではなく、そもそも3％の増税自体に反対が強いし、アベノミクスの現状と展望からみても、実現できるかどうかに大きな疑問がある。ここでは、そのいずれについても、論じない。

Q⑫ 毎年出される国の予算について、どこに注目すればいいのでしょうか。ポイントを教えてください。

A

国の予算関係の資料は、財務省のホームページに大量に出ていますから、研究するには大変便利になっています。新聞記者はそのポイントを要領よく紹介し、国民の立場から解説し、評価するのが、国民の「知る権利」に応える仕事です。それは易しいことではありませんが、財務省の説明や解説を書くだけなら、易しいことです。残念ながら、現実はそうなっていると思います。

日本経済にとって、財政のあり方が今ほど重要なときはないでしょう。コロナ病流行とデフレ不況という国難に直面しているからです。

3次にわたる空前の規模の20年度補正予算はそのためですが、必要な対応ができているでしょうか。今はそれがポイントです。

その点で、財務省はこれまでの均衡財政志向の緊縮財政を否応なしに転換させられました。しかし、基本的な転換ではなく、いやいやながらですから、国難対策は極めて不十分です。医療崩壊や生活・生産の崩壊を防げるのか、心配です。

第3次補正についての新聞記事のコメントは、「規模が大きすぎる」「国債は将来世代にツケを回す」「財政規律を壊す」などと批判する論調が多かったようです。これは批判というよりは**財務省の不満を代弁しているだけ**のことです。財務省出身だが積極財政論で内閣官房参与の高橋洋一氏は、「マスコミから規模が大き過ぎると批判されるなら、今回の経済対策はまずまずの出来と言っていいだろう」と皮肉っています。

2021年度予算についてのマスコミの記事でおかしいのは、106兆円の規模が「過去最大」という説明です。これは近年の決まり文句ですが、**当初予算だけの比較を財務省が操作している**だけのことです。年度間の総額で比べなければ意味がありません。20年度予算は3次補正までの合計が175兆円になります。それに比べれば106兆円では大幅な縮小です。21年度も当然補正で増えるでしょう。106兆円が過去最大といって書きたてる鈍感さにあきれます。

政治政策と経済政策に分解して検証する

（2016年1月28日）

（2016年の）安倍政権の政策を大まかに政治政策と経済政策に分けて観察してみると、どちらにも刺激的で興味深い言葉が並んでいるのだが、それぞれに、つじつまの合わない内容があって「成り行きを注目」せざるをえない。

▼政治政策

安倍首相は、やる気満々だから、どうするのか一層気になる。安倍氏は第一次政権直前に書いた本『美しい国へ』の序文で「わたしは、つねに『闘う政治家』でありたいと願っている」と書いた。2016年は新年早々から「挑戦」という言葉を繰り返している。政治家としてきわめて望ましい、まじめな態度である。だが、問題はその目標だ。

政治政策の目標は「戦後レジームからの脱却」が基本であり、その柱は「占領憲法」の改正で戦前並みの「大国日本」を取り戻すことのようだ。しかし一方で「日米同盟」の絶対化を目指していることもはっきりしてきた。これらの諸目標には、どう考えても矛盾撞着がある。そもそも戦後レジームとは、戦後民主主義のことか、対米従属政治のことか。無理に合成すれば「対米従属大国」だろうが、そんな国が「美しい」だろうか。

▼デフレ経済は克服されていない

政治政策の、この問題点は、まだわかりやすい。しかし**経済政策のアベノミクス**となると、ずっとわかりにくい。この政策の当初の大目標は、**デフレ経済の克服**であり、手段としての「3本の矢」は、大胆な金融政策、機動的な財政政策、民間投資を喚起する成長戦略、だった。それから3年後の現在までの結果はどうだったか。今国会での施政方針演説は、その成功を誇り、いろいろと数字を挙げている。経済成長率、企業収益、雇用など。確かに強い企業の収益は増え、雇用率は改善している。しかし全体としてみると、**デフレ経済は相変わらずで、成長と消費、投資の増加、物価上昇の「好循環」は実現していない**。世論調査でも「景気がよくなった」という声は少ない。施政方針では、アベノミクスは「大きな果実を生み出した」と謳ったが、事実に反する強弁だ。

3年経っても成果のなかった政策は、修正するのが当然だろう。そのままでは、参院選に臨めないのではないか。目標に向かっての挑戦と闘いをもっと強めなければならないはずだ。だからこそ、昨年秋に「新3本の矢」を持ち出したに違いない。**新しい「的」**はGDP600兆円、介護離職ゼロ、希望出生率1・8だという。しかしいかにも間に合わせの追加だし、そのための**政策もはっきりしない**。これで参院選までに、「好循環」経済への結果が出せるとは、とても思えない。政策のあり方を根本的に考え直す必要があるだろう。

そのせいだろうが、選挙前に安倍首相は、2017年4月の消費税10％への引き上げを再延期するかもしれない、という観測が流れている（註　結局2019年10月となった）。多分、それが賢明な選択だろう。

それで進退きわまるのは民主党だ。断固実施すべきだと言うのかどうか。**もともと消費税引き上げは民主党政権のやったこと**であり、12年末の総選挙での惨敗の大きな原因の一つではないか。国民から否定された政策は、率直に反省して出直すべきだったのである。

アベノミクスは行き詰まっていた

（２０１６年２月10日）

２０１５年の実質賃金が４年続きのマイナスになって、改めてアベノミクスの行き詰まりが注目されている。恐らくこれからも、賃金、物価、経済成長などの、どの数字も停滞を続けるだろう。国民全体が貧しくなっていく中で、貧富の格差が拡大していく、という情けない姿の経済になる様相だ。

▼アベノミクスの評価できる点

本来アベノミクスの目標は、これとは逆の野心的なものだった。デフレが克服されて経済は成長し、賃金は物価以上に上がる「好循環」で、国民生活は豊かになるはずだった。多くの国民もそれは望むところである。現に安倍首相は、そのための政策として、**最低賃金の引き上げ、同一労働同一賃金による格差縮小**など、これまでの政府が言ったことのない積極的な政策も打ち出している。財政政策についても「成長なくして財政再建なし」と強調して、**財政再建優先主義の財務省やマスコミ論調に抵抗する姿勢**を示している。**格差対策⇓Q&A⑬⑭**（84頁）では、低年金の高齢者への3万円の給付金も、野党やマスコミの財務省流**「バラマキ」論のレッテル貼りに屈せず**、予算化した。

それなのに、3年余り経っても結果が出ないのはなぜか。真剣に考え直さないと、安倍政権の賞味期限が切れてしまうのではないか。考えるべきことは、**成長第一という政策目標でいいのかどうか**、そうではなくて**「国民生活第一」の分配政策に転換するか**、大幅に取り入れるか、だろう。

成長第一のための3本の矢が、金融、財政、民間投資だった。その実績を検討してみると、**実行できたのは金融緩和だけ**である。政府の最大の武器である財政は、補正予算を含めた総予算でみると、13年度以降は100兆円を割る緊縮予算になっている。当初予算だけ比べて「過去最高」などとマスコミに書かせても、現実をだますことはできない。一方、民間投資は、景気が良くなる動きがなければ増えない。賃金を上げて消費を増やせと号令はかけたのだが、結果は実質賃金の低下だったのである。

▼代案が見えてこない

さてどうすべきか。やる気になれば、まだやれることはある。**財政を拡大して大きな政府にする。賃金の引き上げをもっと強力に進め、物価にもある程度転嫁させて中小企業経営を助ける。**それが好循環の姿である。しかしそれには安倍政権の頭脳と腕力が必要である。

「成長よりも分配」という政策転換の動きも出てきたようだ。安倍首相の施政方針演説にも「成長と分配の好循環を創り上げてまいります」という言葉が使われた。確かに、分配だけでなく成長と分配の「二兎」を追う方が望ましいことだ。一人当たりＧＤＰがＯＥＣＤ20位（２０１４年）に甘んじている必要はないだろう。しかし「二兎を追うもの一兎も得ず」となる恐れがある。**分配の格差是正に、もっともっと本気で取り組むべき**ではないか。

本来なら野党から、総合的な代案が出て、政府・与党を攻めたてるべきなのだが、それが**一向に見えてこない**。共産党には、社会保障改善や、消費税に代わる財源などの提唱はあるが、財政による景気対策の基本的構想がない。アベノミクスがどん詰まりになっても、国民は「ほかに適当な政権が思いつかない」ことになるのだろうか。

Q⑬ 分配の格差是正は具体的にどうすれば可能でしょうか？

A

格差の問題は、一冊の本が必要な大きな問題ですね。格差とはなにか、どんな格差があるかということから始めなければなりません。とりあえず「貧富の格差」を中心とする富の分配格差が大きな社会問題でしょうが、賃金の格差というありふれた問題についても、同様でしょう。賃金の、労使間や労労間の分配格差のあり方は難問です。答えを出した人はいないと思います。私は長年労働問題と労働運動にかかわってきましたが、賃金について「平等」の理念をどう実現できるのか、大変悩ましい難問です。しかし平等は近代文明のキーワードの一つですから、取り組まざるをえないのです。

例えば、すべての労働者について一律同額の賃金にすれば、平等と言えるかもしれませんが、それは夢物語でしょう。しかしできるだけそれに近づける賃金であるべきだと思います。

労働基準法は第一条で「労働条件は労働者が人たるに値する生活を営むための必要を充たすべきものでなければならない」と、すっきりした規定をしています。これは憲法25条の目指す「健康で文化的な最低限度の生活」よりも高い目標だとされています。

格差是正には、まずはこれらの法的目標実現のために、**政府が動くべき**です。安倍政権も菅政権も最低賃金の引き上げや、**一般賃金の引上げを提唱しているのはいいこと**ですが、**結果は貧困と格差の拡大**になっています。本気度と真意が問われます。もちろん。労働組合などによる自助努力も大いに必要です。

Q⑭

いわゆる格差についての経済理論について概説をお願いします。

A

私は、自由、平等、博愛の民主主義の立場から、不当な差別や格差があってはならないと思っていますが、その経済理論を説明するような学識は、残念ながらありません。

なお、私は執筆の際、経済学説を意識したことはほとんどありません。経済制度に関する知識に基づいて、望ましい経済実現のために、その運用や制度の改善を提唱しました。あえて学説といえば、需要が供給を決めるというケインズ理論でしょうか。

アベノミクスへの代案が必要

（2015年10月5日）

政府の政策への反対論があると、政府やその応援団が言う決まり文句は「なんでも反対」ではなく、責任のある代案を出せ、という逆襲だ。これが、世論対策としてかなり有効なセリフだからである。ただし、この論法が役に立たない場合もある。前国会の最大の争点だった安保法案などはそれだ。有力野党は、法案の撤回こそが代案だったからである。しかし政府・与党は、ちょっとした修正案だけを代案として、形ばかりの付帯決議をつけるような談合にこぎつけて「審議を尽くした」ことにした。強行採決の悪印象を薄める、という小手先の策略である。だが撤回論の野党や世論は、それで納得するはずはなく、争点は2016年の参院選まで持ち越されている。

それに肩すかしを食わせようというのが、国会閉会直前に打ち上げられた「**アベノミクスの第2ステージ**」論であり、「**一億総活躍社会**」**政策**である。安保法は過去のこと、今後は未来志向の経済で行こう、ということだ。国民としては、どう対応すべきだろうか。安保法が過去の問題などでないことは言うまでもないが、アベノミクスも元々大問題なのである。そして、これこそは本格的に「代案」「対案」を出して追及しなければならない問題であった。これまで3年間のアベノミクスの実績はどうだったか、これからの経済政策はどうあるべきか。国会は、緊急課題の安保法案の議論に明け暮れて、経済問題の議論はほとんどなかったが、その間、株高の陰にかくれて、社会保障の後退や労働保護規制の緩和がずるずると実現されてきた。

安倍首相は、アベノミクスの第2ステージ案披露の際、過去3年間の実績について手放しの自慢話を繰り広げた。そして、今後の一億総活躍社会のために「新しい3本の矢」を放つと発表した。3年間の旧い矢の実績については、雇用、賃金、倒産の改善を強調し、景気も「デフレ脱却はもう目の前だ」として「日本はようやく新しい朝を迎えることができた」と謳いあげた。記者団からは、どちらについても批判的な質問はなかったが。

普通の国民にとって望ましい経済社会とは、景気が良く雇用は安定し、物価は上がらず、貧困者はなく、格差はできるだけ小さく、社会保障の充実した安心社会だ、と言って間違いではないだろう。ではアベノミクスの旧い矢は、これらの標的に当たったのか。とてもイエスとは言えないのが実情だ。むしろ真逆の結果になりそうな気配さえある。

新しい3本の矢政策はどうか。第1「強い経済」で2020年に向けてGDP600兆円を目指す、第2「子育て支援」で**50年後も人口1億人を維持**、第3「社会保障の改革・充実」で**介護離職をゼロに**、というものだ。**標的は雑駁だし、具体的な政策も示されていないので**、矢はどこに飛んでゆくのか見当もつかない。

これでは、この新政策に今後の日本経済の運営をお任せするわけにはいかない、と誰しも考えるだろう。まさに「代案」が必要なのだ。だが、**これまでに野党からアベノミクスへの代案が示された形跡はない⇓Q&A⑮**。参議院選挙では、安保法が争点になるのは当然だとしても、国民はそれだけで政党や政治家を選択するわけではないだろう。アベノミクスへの代案を、一刻も早く争点に加えてもらいたいものだ。

Q⑮

この2015年の時点から現在にいたる間に「対案」はあったでしょうか？

A

日本経済のデフレギャップを埋めて経済成長を図るための、大きな政府による需要拡大政策の提唱は、1990年のバブル崩壊後、ケインズ経済学者らによって、主張されてきましたが、世論からも政治からもほとんど無視されてきました。学者の丹羽春喜氏、「日本経済復活の会」（小野盛司会長）評論家の三橋貴明氏などの活動が目立ちました。アベノミクス時代には、新しく松尾匡立命館大教授を中心とする「薔薇マークキャンペーン」、政党の「れいわ新選組」（山本太郎代表）などが登場し、それぞれアベノミクスへの総合的な対案を提唱しています。しかしその他の政党からの対案はまだありません。それがない野党に、国民は政権交代を託せるでしょうか。

これらの対案に共通するのは、政府の貨幣発行権の行使による財政拡大です。当面の具体策としては国債増発です。

今、政府・与党は必要に迫られて否応なしに国債増発を実行していますが、及び腰です。野党も「れいわ」以外は、財源拡大策をはっきり掲げた対案を出していません。なによりもまず政党が、救国の対案を出すことが必要だと思います。

「憲法改正」議論と経済政策

（2016年3月7日）

▼2016年も2021年も基本構造は同じ

世界中の政治、経済、社会が荒れ模様の中で、私たちの日本はどうなるか、どうすべきか、という**不安感**が国民の間に広がっているのではないだろうか。世界の中の日本ではあるが、**日本が自主的にやれることはやるべき**ではないか、と考えたい。

生活者としての人々が、なにより大事だと思うのは**安全と安心の確保**だろう。逆に不安の最たるものとして、貧乏、病気、戦争、天災を挙げて、異論はあるまい。旧いことわざでは、地震、カミナリ、火事、親父という天災・人災が代表だったが。

これらの不安を未然に、あるいは事後に防ぎ、手当するのが、政治と経済政策の大きな役割である。そう思って今の日本の安倍政権の政治、経済を見ると、大変心配になることが多いと言わざるを得ない。**「積極的平和のためには戦争も辞さない」という憲法改正（または解釈）、貧困と格差拡大の新自由主義競争経済**、の二大政策が問題の中心である。

安倍政権のやり方は、最近まで、まず経済でデフレ克服、成長実現で人気と得票を確保して、その勢いで憲法改正を強行する作戦のように見えた。しかし経済で圧勝するというもくろみは、成功が覚束ない情勢になっている。景気対策を総動員する構えではあるが、肝心の財政出動をどこまで決断できるかが、これからの焦点だ。消費税増税再延期はその要である。しかし野党側が先手を打って消費税凍結方針を出しているので、決め手にはなるまい。

野党側は安保法廃止を最大の争点として参院選に臨むので、安倍政権も「争点隠し」はできず、これに正面から答えなければならない。当然その必要性を強調するだろう。しかし安倍首相は最近、安保法の弁護だけでなく、憲法改正を自分の在任中に実現したい、と表明した。国際情勢の荒れ模様に乗じて、という思惑もあるかもしれない。もしこれを参院選の争点にするとしたら、まさに次元の違う政治的挑戦である。その場合は、改正案の具体的内容もある程度示さなければなるまい。とてもそこまではできないだろうが、在任中にやるという公約を掲げるだけでも、大きな争点になる。参院選は、憲法改正をめぐる「決戦」の様相になるかもしれない。

国民も、憲法改正の政府を信任するかどうかの選択を迫られる。小泉内閣の「郵政民営化、是か非か」とはケタの違う選択である。

いつかその決戦の時が来るかもしれないが、しかし今、国民が切実に求めているのは、そんな大きな選択肢ではないだろう。争点になったら、結果として、自民党に有利になるとも思えない。

当面の争点は、「アメリカの戦争」に巻き込まれる恐れのある安保法の是非、貧困と格差対策の社会保障のあり方などでの、安全・安心政策の選択ではないか。それらの課題で、参院選の攻防が盛り上がることを望みたい。

「生活」を政治課題とする議論が足りない

（2016年4月29日）

天災と人災が引っ切りなしに起こりながら、その予防策も修復事業も遅々として進まない。安倍政権は、デフレ克服・経済優先を言いながらその成果は乏しい。本気の目標は新安保体制と憲法改正のようだ。このありさまを見ていて痛感するのは、**政治の最大の課題と争点はやっぱり「生活」の安全・安心の確保に絞って議論すべきだ**ということである。

注目された北海道5区の衆院補欠選挙で、勝った自民党の和田義明氏は、勝因について「経済がまず大事だという声が届いたのではないか」（北海道新聞）と語っている。野党統一候補の池田真紀氏は、社会保障の充実という生活問題も訴えたが、なんといっても統一目標は安保関連法廃止だった。

マスコミの「出口調査」によると、**投票者の期待する政策は「景気」や「社会保障」が**

トップになるのが特徴だったようだ。野党候補が掲げた安保関連法にもかなりの関心は持たれた（ＮＨＫ）が、やはり争点すり替えの目くらまし作戦を突破できなかったのかもしれない。

与野党のキーワードは、一見すれ違っているように見えるが、実は重要な共通点がある。それは、いずれも国民の「生活」に直結した問題だということだ。デフレ・不況・貧困は今現在の生活を脅かしつつあるが、新安保体制はやや将来の生活・生命に関係する。ではアベノミクス、安保関連法は、それぞれ国民生活の安全・安心確保に役立つのか。どちらも大いに疑問があるのではないか。

今回の補欠選挙で自民党候補は「経済」で勝ったというが、本当にそうなのか。勝てるような経済状況ではないだろう。マスコミ評も「強固な組織票」のおかげだと言うだけだ。多分、自民党自身もそう思っている。経済で勝つには、これからの政策が肝心だと考えているはずだ。

参院選では、野党は、**「現在の生活」でアベノミクスと、「将来の生活」で安保関連法・憲法改正と闘うことを目標に**してはどうか。野党連合は、その二つで共通の対抗目標を持てれば、勝つことができるかもしれない。

しかし自民党の経済政策は、相当に手ごわいものになりそうだ。アベノミクスは、**成長回復のためには賃金引き上げと消費拡大が必要だと気がついて必死に模索**している。**社会保障充実**が国民の強い願いだともわかってきた。**防災対策**の社会資本が不足していることも、熊本地震で改めてわかった。これらの対策はみな、国民生活の改善のために必要であり、経済成長にも役立つ。参院選前に決められる「一億総活躍プラン」には相当な対策が組み込まれるだろう。

ただしアベノミクスの強化のために**最大の難関は、財務省の壁**である。財政危機論による緊縮財政の壁をまず突破しなければ、なにもできない。それができそうなのは、いまの政治家では多分安倍首相以外にはいないだろう。ブレーンも揃っている。どこまでやれるかが見ものだ。野党でそれができるのは、小沢一郎氏だけかもしれないが、ブレーンが不足していて、**財政危機論の呪縛にも弱い**。

アベノミクス、2016年での総括

（2016年6月7日）

国民生活の安全・安心確保の立場から**参院選挙の争点**を考えると、身近な生活については経済をどうするか、やや長期的な大問題として安保関連法、平和憲法、沖縄基地のあり方をどうするかなどの政治課題、の二つに括れるのではないか。

与党の自民、公明両党は前者に絞り、後者で争いたくはないようだ。一方、一人区に統一候補を立てた野党は、後者を重点にしたことになる。しかし経済問題でも戦わなければ、勝負になるまい。双方とも経済問題での争点をどう設定するかが、知恵の出しどころである。

そうなると、どうしても「アベノミクス」に触れないわけにはいかない。なにしろ安倍首相が「アベノミクスを加速するか後戻りするかが最大の争点」と言っているのだから。それに対して野党側は「消費税増税の再延期でアベノミクスの失敗は明らかになった。安倍首相は責任をとるべきだ」と、早くも、決めゼリフの投げ合いだ。

しかしこの決めゼリフ、まだどちらも中身がわかりにくい。各党とも、**アベノミクスの3年余の実績をどう評価し、今後の経済政策はどうする**という公約を具体的に示してもらわないと、有権者は「どちらともいえない」と回答するしかないだろう。

▼財政政策が間違っている

そこで、端的に**私の見方**を書いてみる。アベノミクスの要は「デフレからの脱却」だ。これは従来の経済用語でいえば「景気回復」「成長回復」である。そのための政策として、異次元の金融緩和、機動的な財政出動、民間投資拡大の3本の矢を放つことにした。消費拡大のための賃上げも追加した。しかし結果はまだ出ていないことは、数字でも世論調査でも明らかだ。失敗あるいは不成功と言うしかない。

問題は、**その原因は何か**、である。最大の原因は、**財政政策の誤り**ではないか。機動的出動どころか、**緊縮的**な「財政再建」路線の堅持であり、極め付けは**消費税増税**であった。それは安倍首相の望むところではなかったかもしれないが、財務省の圧力に屈したのだろう。景気回復の不成功は明らかになったが、消費税再延期には「リーマンショック級不況」の縛りまでかかっていた。今回、ようやくその圧力を一部分押し返した。

消費税2年半再延期で、安倍政権中には消費税増税がないことになった。これは、事実上の「凍結」である。次の政権でどうするかなど、論じても意味はない。従ってアベノミクスの今後の焦点は、財政のエンジンをどう「ふかす」かである。やり方次第で成功は可能だ。

では、野党はどうするのか。そもそもアベノミクス批判の基本的理由は何かを、改めて考えてみるべきだ。まさか景気回復（デフレ克服）の必要なしとすることはできまい。さりとて、景気対策で争うこともできまい。恐らく批判の焦点は、新自由主義経済下での格差拡大と貧困者の増加、社会保障の後退による生活不安の拡大に絞られるだろう。そのための政策手段はどうするのか。答えは、積極的財政と**社会的規制の強化**しかないだろう。**⇓Q&A⑯**

つまるところ、経済政策での争点は、**積極的財政政策のあり方**が中心なのである**⇓Q&A⑰**。それには、与野党とも、**財政の危機、財源難、再建、規律、国際信用などの「脅し文句」を否定あるいは棚上げにして、国民生活本位に出直す**ことがまず必要だと私は考える。決めゼリフも、わかりやすく作りなおしてもらいたい。

Q⑯ 社会的規制の強化とは？　いわゆる規制緩和の逆でしょうか？　それをするとアメリカとの関係は？

A そうです。アベノミクスは、新自由主義経済の柱の一つである**規制緩和**、つまり自由放任と併せて「構造改革」「小さな政府」政策によって、**強いもの勝ち**の経済成長を目指しましたが、**結果はじり貧**の経済停滞となり、格差拡大をしてしまいました。**その対案としての規制強化が必要**ということです。

従って、規制強化とは大きな政府による市場経済への介入ということになります。公的規制は、経済的規制と社会的規制に大別されますが、福祉型経済成長のために、社会的規制を強調しました。経済的規制も必要なのです。

野党は、その代案で政権交代を迫るべきだ、という趣旨にもなります。しかし野党からその代案が出せないのがもどかしいのです。

規制緩和のなかには、輸出入への規制を緩和する自由貿易拡大も入ります。ＴＰＰ（環

太平洋パートナー協定）がそれです。自由貿易では、輸出も輸入も増えることになりますが、競争力の強い産業はもうかり、弱い産業はつぶれます。しかし国内産業をつぶすような政策は、原則的に反対です。それは**保護主義**と呼ばれますが、今はアメリカをはじめ多くの国が保護主義的になっています。そうしないと国民経済の安定と発展ができず、政権を維持できないからです。

規制緩和の国際的な動きは、イギリスのサッチャー、アメリカのレーガン、日本の中曽根政権時代から本格化しましたが、どれもみな国民経済を破綻させることになって、転換を迫られているのです。しかし菅政権は相変わらず規制緩和とか改革政策を強調しています。それはコロナ対策強化に逆行することにもなります。遠からず破綻するでしょう。

Q⑰ 積極財政には、無駄遣いが増えるおそれがないでしょうか?

A

積極財政に対してしばしば警告される言葉です。「していけない」と続きます。さらに「削れ」となります。

まず、無駄とは何でしょうか。「なくてもいいもの」ということでしょうが、似たような言葉に「無意味」「有害」などいろいろあります。しかし、使う人によって内容が違います。

政府のカネの使い途は、「社会の役に立つ」ものであるべきは当然ですが、何が役に立つか立たないかを決めるのは簡単ではないでしょう。しかしはっきりしているのは、何のために出したかにかかわらず、**政府からカネを受け取った人には所得であって購買力**になります。そのカネを使えば需要となって、生産が拡大します。したがって、無駄だと思うのは個人の自由ですが、単純に「削れ」と言うべきではないのです。

無駄論は、徹底し過ぎると人間の経済活動が成り立たなくなります。落語の「しわいや」がそれでしょう。極端なけちんぼが、身の回りの支払いを節約してあれもこれも無駄だと切り詰めていった挙句、自分自身を養うのも無駄と言って、死んでしまった、という笑い話です。**無駄論は、ほどほどがいい**でしょう。特に経済不況の時は、政府がたくさんカネを出すことが社会の役に立つのです。

子孫に豊かな日本を遺すために必要な財政政策

（2016年7月6日）

日本の**財政政策の決まり文句の一つに「子孫にツケを回すな」**というのがある。財政赤字対策の国債発行は、親の不始末を子孫に負担させるものだという「警告」である。子孫に迷惑をかけたくないという、いかにも日本的な「親心」向きの殺し文句である。ではそれは本当に適切な警告なのだろうか。**違う**、という結論をまず言っておこう。

▼所得減、格差拡大、雇用不安定、社会保障じり貧……

西郷隆盛は「児孫のために美田を買わず」という名言を遺したが、これは国士として私利私欲を排するという覚悟を示したものである。国家、国民には美田を遺すつもりだっただろう。今を生きる日本の大人の多くの人々も、子孫に豊かで安全、安心で平和な国（美田）を遺したいと思っているのではないか。

しかし**ここ20年ほどの日本**は、経済も政治もそれとは程遠い現実にあることを、否定できないだろう。経済だけ見ても、山河は荒れて災害続き、所得は減って格差は拡大、雇用は不安定、社会保障はじり貧、である。アベノミクスは、デフレ克服、景気回復を主目標としたが、3年半たっても「道半ば」と言い訳しなければならない。

アベノミクスは「加速」するというのが公約だが、これは恐らく加速という名目による「修正」だろう。その要は「財政出動」の拡大である。これまでのアベノミクスは、機動的な財政出動と言いながら、実態は緊縮財政の小さな政府だった。**今回**（2016・6）**の消費税増税再延期は修正の第一歩**だが、問題は次だ。当然、積極財政の大きな政府でなければならない。どんな内容になるかで、アベノミクスの運命は決まるだろう。

▼「子孫へのツケ回し」論

財政の内容には支出と財源の両面がある。美田を遺すために有効な支出に知恵を絞ってもらいたいが、それ以前に心配なのが財源論である。積極財政には当然大きな財源が要るので、国債増発が課題になるだろう。ならないようでは、そもそも積極財政とは言えない。そうなると、さまざまな「財政健全化」論による反対論が出てくるだろう。その一つが

「子孫へのツケ回し」だ。

そこで、改まって考えてみたいのが、**子孫に遺すツケとはなんぞやだ**。⇓Q&A⑱ ツケとは借金であり、支払い責任のある借主がいる。**国債の借主は政府であって国とも国民とも別のものだ**。それらは同じものだ、というのがツケ回し論の基本である。政府は、国民に対して徴税権を持っているという関係がある。しかし同じ財布を持っているわけではない。国債を持っている国民は、政府から返してもらう権利があるだけである。その政府のツケは必ず払える。それが**民間の借金と根本的に違う**ところだ。

子孫に美田を遺すための国の借金が増えると、子孫がなにか損失を受けるだろうか。美田による豊かな生産物は全部子孫のもので、一部を誰かに渡す必要などないのだ。政府が仮に増税をしてツケを払ったとしても、生産物の総量に変わりはない。以上要するに、先祖が子孫の生産物を先食いするかのような理屈は、ナンセンスなこけおどしである。

では**国債**はいくらでも無制限に出していいかとなれば、もちろん違う。**その限界を決めるのは、経済のインフレ化の度合い**である。⇓Q&A⑲ 今政府・日銀はインフレ率2％を達成目標としている。そこまでいったら、国債発行でなく応能負担の増税をすればいいのである。

Q⑱ 「子孫にツケ回し」論は今も主流のようにみえますが。

A

ツケとはカネかモノの負債のことで、期限が来たら返さなければなりません。その返済の仕方は、債務の内容、借り手と貸し手の特性によって大変ちがいます。一番わかりやすいのは民間人の借り手の場合で、カネかモノかの自己資産で返さなければなりません。

しかし**政府の借金の返済のカネは、自分で造れます**。外貨は自分では造れませんから円貨で外貨を買って返します。買うカネはいくらでも造れますが、円貨で売ってもらえないときは、外貨を借り換えるか、モノの輸出で外貨を稼ぐことになります。

政府が返済するカネを税金で調達するという方法もあります。これが「子孫にツケを回す」ので、子孫に迷惑をかける、ということでしょう。その場合には、納税者の資産は減りますが、貸し手の国債保有者は資産が増えるわけではありません。利息の付く国債が無利子の現金に変化するだけです。政府としては、返済のカネを造り過ぎてインフレ化するというリスク要因が減少するという理屈かもしれません。しかしインフレ化を防ぐ対策はいくらでもあります。つまりは、増税は国民の資産を減らすだけの「子孫に迷惑をかける」愚策でしょう。しかしそんな必要はないのです。

ところで、社会保障のツケを後世に回すとはなんでしょうか。現世代の国債増加ということなら、ほかの歳出と同じことですが、別の意味もありそうです。

現世代への給付が大きく負担が少ないことが、将来世代の給付を減らし、負担を増やすというイメージかもしれません。あるいは、将来世代が負担しきれないような大きな給付制度を、現世代がつくってしまうことでしょうか。それは現世代のやるべきことではない、という理屈でしょう。

いずれにせよ、**社会保障の給付と負担のあり方**についての議論ですが、**その根本的な課題**を考えてみましょう。

社会保障で給付される必要があるのは、生活維持に必要なモノ（財・サービス）の現物です。貨幣そのものは、モノの役にはたちません。そのモノの量は、現役世代の生産したものが、ほぼすべてです。過去の世代の生産物で役に立つのは、設備投資・公共投資などの残存物です。したがって、将来世代の社会保障の充実に何より必要なのは、将来の現役世代の生産能力の高さです。現世代の為すべきことは、**将来世代の生産能力を高めるためのモノとヒトへの投資**をしておくことです。それには現経済を拡大成長させることです。そのためには、今大きな政府による国債増発が必要なのです。

将来世代は、社会保障給付を決めるのに、過去世代の作った制度が不都合なら、改正すればよいのです。現役の生産物を、すべての人々の幸福に役立つように適切に分配すればよいのですが、そのためには民主主義の政治が必要です。

考え方を現在の社会保障に適用するとどうでしょう。社会保障の給付をもっと増やす生産能力はないのでしょうか。**国債を財源として、給付をぐんと増やしたら**インフレ化するでしょうか。またほかに何か不都合が起こるでしょうか。恐らくなにも起こらないでしょう。

Q⑲

国債発行の上限についてもう少し説明してください。

A

国債発行の上限はインフレ防止ということだけですので、**インフレとデフレのつくり方、防ぎ方**をまず話します。それは、モノの需要供給とカネの供給の組み合わせ方で決まります。いま日本経済で必要な軽度のインフレは、モノの需要とカネの供給の拡大で実現できます。デフレの防止も同じです。カネの供給（金融緩和）だけでいいと言うのがいわゆる**リフレ論**ですが、アベノミクスはそれで失敗しました。

モノの需要拡大が必要だったのです。それには財政出動が必要でした。リフレ論は、政府・日銀がインフレ目標を示せば、買い急ぎなどでモノの需要が拡大するという理論ですが、日本では実現しなかったのです。

国債増発でカネとモノの需要を増やせば、インフレを起こすことができますが、インフレを止めるには、カネを減らすだけでできます。デフレをつくるのも同じです。カネがなければモノの需要は減るからです。カネはつくるのも減らすのも、政府・日銀の専権事項ですから、やる気になれば簡単です。それが実際には簡単でないのは、**政治的な利害関係が絡む**からです。従って実行には強い政治力が必要なのです。

問題はその実行の時期です。その判断が肝心なことですが、経済は生き物ですから、経済情勢をよく見て、インフレ行き過ぎの動きが見えたら早めに行なうべきでしょう。

なお、インフレを止めるにはカネを減らすだけでなく、モノの供給拡大が必要です。日本はまだ供給力が大きいのですが、例えば今のベネズエラなどのようにモノが足りないと、インフレを止めにくくなります。日本も、デフレと低成長で生産設備の投資が減ると、モノ不足によるインフレになるでしょう。だからいま、大きな政府による成長と投資が必要なのです。

日本経済の前途——好論文のお薦め

（２０１６年11月6日）

日本のように生産能力が高くて勤勉な人の多い国で、国民が豊かな経済生活を実現することは、常識で考えれば、少しも難しいことではない。**経済生活とは、生活に必要なモノ（財物）とサービス（役務）を生産・供給して消費すること**である。

日本人の生産能力はすでにかなり高いが、さらに進歩することができる。従って、高齢化し生産人口がかなり減っても、豊かな生活のために必要な**供給が不足する恐れはない**はずだ。しかし**自由競争、強いもの勝ちの市場経済の制度では、それが確実に実現される保証がない**。20世紀末から今世紀へかけての20年近くの現実がそれだ。

アベノミクスはデフレ克服・景気回復を目指したが、生活改善の目標は立てなかった。結果は、政権後4年近く過ぎた今も、**景気は道半ば、生活は貧困と格差の拡大**である。経済政策の転換が急務ではないか。

▼好論文を二つ

そこで、最近目についた経済政策転換のための好論文を二つ紹介しておきたい。どちらも筆者が、ひばりタイムスで紹介済みの方だ。

まず**山家悠紀夫**さんがデジタル版『現代の理論』の最新号（第10号）に載せた論文「**日本経済を長期停滞からどう脱出させるか**」。内容は「1.日本経済の長期停滞とその背景、2.アベノミクスの失敗とその原因、3.日本経済を長期停滞から脱出させ、人々の暮らしをよくするため――実施すべき政策」。

山家さんは7月3日のひばりタイムス講演会で同様の趣旨の話をされたが、これはその最新版である。なによりの注目点は3.の「実施すべき政策」だろう。それこそが、**アベノミクスの代案**の要である。

政策の柱は①賃金の大幅引き上げ、労働環境の改善、②社会保障制度の拡充、の二つだが、③として「**政策の方向転換**は可能である。日本経済にはその力がある」としてそれぞれに具体的な説明がある（詳しくは本文検索を）。これらの内容は大変説得力のあるものだが、実行には政府と企業の執行権限が行使されなければならない。政府や政党をはじめ、すべての人々に読んでもらって実現させたいものだ。アベノミクスが方向転換してくれないなら、野党の政策として政権を獲得してもらいたい。

もう一つのお薦めは、**松尾匡**さん（立命館大教授）の「**なぜ日本の野党は勝てないのか？**」（『世界』11月号）。これはひばりタイムスで3月14日に紹介した著書『**この経済政策が民主主義を救う**』の続編ともいえるものだ。アベノミクスの代案というよりも、野党の経済政策転換を求めるという提唱だ。野党が選挙で政権をとるためには「反緊縮」の経済政策で支持を獲得しなければならない、というものだ。多くの国民が自民党に投票するのは「野党が勝ったせいで景気が悪くなるリスクがあるのは困る。何としても不況にならないようにしてもらいたくて自民党に入れる」のだと言う。

二つの論文は、前者がアベノミクス批判、後者が野党批判の形をとっているが、共通するのは**緊縮財政政策への批判**である。山家さんは、社会保障の拡充に必要な40兆円の財源は、政府の借り入れなどで生み出せると言う。松尾さんは「金融緩和マネーを民衆の生活向上のために使え」だ。つまり、与野党とも、国民生活改善を目指して緊縮政策論の縛り付けから脱却することが肝心、という提唱である。

【書評】

松尾匡著『この経済政策が民主主義を救う アベノミクス以上の景気対策を』（大月書店、２０１６年）

アベノミクスの実績について、世論には、「景気回復の実感がない」「貧困と格差が拡大した」などという不満がかなり多い。しかしこの本は、安倍政権が今後、世論の不満に応える政策展開をする可能性が十分あると推測する。そして選挙で勝って、憲法改正の野望実現に王手をかけるかもしれない、と。それを防ぐには、左派・リベラル派が安倍政権以上にはっきりした景気拡大策を打ち出す必要がある、と主張し、その具体策を提唱している。

経済の現状についての評価は「金融緩和政策によって、輸出と設備投資による景気回復は進んだが、消費税引き上げと、引き締め型の財政のため、消費は低迷し、内需がしっかりせず、このところ弱々しい回復になっている。しかし失業率は改善され、賃金も上がっている。今後財政支出などで十分な景気拡大策が行われるなら、消費需要の拡大に火がつく潜在力はある」という。アベノミクスは失敗した、とは見ていない。

今後の景気拡大策を予想する根拠としては、消費税引き上げの延期に踏み切ったことのほか、2015年9月の「第2ステージ」で介護や子育て支援を打ち出し、毎年3％の最低賃金引き上げも付け加えたことに注目している。

著者は、安倍政権の弱点は福祉だとみて、この本で、金融緩和マネーを介護や医療や教育や子育て支援につぎ込んで雇用を拡大させる、最低賃金をインフレ目標並みに引き上げるなどの対抗景気対策を打ち出している。しかし出版間際に新政策を打ち出され、手の内を全部読まれているかのようで「正直たじろいだ」と書いている。

著者は「祈るような気持ちでこの本を書いた」と言う。何を祈るかというと、左派・リベラルの人々が「真っ赤に燃えるような景気拡大策を掲げる」ことである。従来、これらの人々の多くは、新自由主義による長期不況下で「脱成長」や「財政の無駄の削減」などのスローガンを掲げて、景気拡大に反対するかのような政策を主張してきた。結果として、不況に苦しむ人々から見放されてしまった。選挙で安倍政権に勝つには、その政策を大転換し、アベノミクスの新旧3本の矢に対しては「こんなものでは足りない！」「もっと！」という批判こそ必要だ、と訴える。著者は、立命館大学の経済学部教授、著書に『新しい左翼入門』『不況は人災です！』などがある。

消費税増税問題、再論

（２０１７年10月７日）

今度の総選挙（17年10月）は、入り口の段階で、「政権選択」を目指す野党再編成のドラマが大騒ぎになったが、それが一段落すれば、政策公約の争点に有権者の関心が高まっていくだろう。その一つが**消費税増税問題**だ。このコラムは、何回か消費税問題を取り上げてきたので、続編として書いておきたい。

安倍政権が消費税を国政選挙の争点として持ち出したのはこれで３回目だ。１回目は14年12月の衆院選挙、２回目は16年７月の参院選挙。１、２回目は実施の延期だが、今度は**増税実施の確認と使い途の変更**である。

それぞれに、選挙で国民の信を問う、というのだが、多くの有権者はその都度「えっ？」と思ったのではないか。増税延期は結構だが、そのために大金をかけて解散総選挙をする必要があるのか。参院選挙直前の再延期は「よくやったね」と。だが、これらは、与野党間の争点にはなっていない。

しかし3度目の今回は違う。国民の間に「やっぱりやるのか」という失望感や「それにしても2年先の政策変更で「なぜ今解散総選挙か」という疑問があるだけでなく、野党は対案を出して争う。本物の争点だ。

安倍政権としては、今度も延命戦略として決断したのだろう。増税分を少子高齢化対策にも使うと変更したことが、得点になるとみているかもしれない。だが恐らく、あまり評価はされないだろう。肝心なことは、増税確認なのだから。

しかも、今回の使い途変更案で驚かされたのは、**これまで政府が言っていた「消費税は全額社会保障に使う」という決まり文句が大嘘だった**ことだ。2％の増税分は5兆円強になるが、**社会保障費の増額に使われるのは5分の1だけで、残り4兆円強は借金返済に使う**、と国民に約束していた、というのだ。そんな約束を何時どこでしたのかを、私は知らなかった。

その約束なるものを「変更して国民生活に関わる重い決断を行なう以上、速やかに国民に信を問わねばならない」から衆院を解散する、という。空々しくてあきれるばかりだが、ともあれこの政策公約の意味する内容は、国民生活にとって重要だ。

今度こそ消費税増税を実行される。社会保障や幼児教育無償化などの「人づくり革命」に2兆円使うが、残り3兆円はやはり国民に還流されずに、借金返済でデフレ要因となる。社会保障費は、年金・介護を充実すると言うが、財政全体の健全化のために「歳出改革を徹底」の枠がある。

改めて、**消費税とはなんぞや**、を考えてみよう。消費税導入以来現在までの収入総額は、所得税・法人税の減税額とほぼ同額になる。税率が5％に増えた97年以後20年間の国民所得はほぼゼロ成長で、消費抑制のデフレ経済。社会保障費は、自然増加分を抑制するための制度改定が続いている。

つまり、消費税とは、税負担を応能負担から大衆負担に切り替えながら、「小さな政府」として社会保障費を抑制し、経済活動はゼロ成長のまま優勝劣敗の競争市場に任せる、という**新自由主義の大黒柱**だった。今後もその政策を続けるか、転換するかを決めるのが、この総選挙だ。

こう考えると、消費税増税問題は、日本経済の今後を左右するほどの極めて大きな争点である。そもそも消費税増税と社会保障抑制の一体改革政策は民主党政権が決めたものだ。安倍政権があえて持ち出したこの争点に対して、**野党は率直に民主党政権の誤りを認めて、増税の中止あるいは凍結を掲げて戦うべきだろう。**

戦争とアベノミクス

（2018年1月1日）

地球上どこに住んでいても、人々の何より先の願いは安全と安心の生活の確保だろう。日本という国の私たちにとっても、新年の計の基礎は先ずそれではないか。2018年はその点でどうか。

心配事の第一は「戦争」だろう。言うまでもなく、**北朝鮮絡み**である。もし戦争が起こるとすれば、米国による先制攻撃以外にはない。朝鮮側が、自滅戦争を始めるとは考えにくい。自滅戦争の愚かさは、旧日本軍閥の失敗でよくわかっているはずだ。

米国の先制攻撃は、イラク戦争などで多くの実績がある。しかもトランプ大統領はしばしばそれをほのめかしている。もし実行すれば、今度は米国も「自滅」の道をたどるかもしれないが、暴走するかもしれない。

日本にとって最大の問題は、**安倍政権がその米国の暴走に相乗りする姿勢を示している**ことだ。安保条約で、日本に米軍基地がある以上、米朝戦争となれば米軍基地が攻撃されることは必然だが、相乗りするとなれば日本全土が攻撃対象になる。

日本政府が、日本の安全のためにやるべきことは、**米国の先制攻撃に反対し、暴走を制止すること**しかない。安倍政権に対して、国権の最高機関である**国会が、それを要求し約束させる**ことが、緊急の国民的課題だと思う。戦争の場合の対策も当然聞かねばならない。与党がだめなら野党は総力を挙げてそれを追求してもらいたい。そして国民も、国会まかせでなく、大きな声を挙げてもらいたい。

戦争時代に生きてきた私にとっては、安倍政権の掲げる**スローガン「国難」「生産性革命」「働き方改革」「人づくり革命」**などは、かつての**「非常時」「総動員」「総力戦」「産めよ殖やせよ」などとそっくり**に見える。二の舞にならないよう、どうか皆さん、眉にツバつけて政府の言動を監視してください。

次の心配は、**アベノミクスの先行き**だ。２０１８年の日本経済は、アベノミクスの正念場になるだろう。

昨年末、安倍首相は、政権5年の成果を自慢する言葉を並べたが、一方で目標のデフレ脱却、好循環経済へは「道半ば」であることも認めてきた。5年たっても道半ばか、という疑問に、もう決着をつけなければならない。

自慢の理由は①成長回復の動き②雇用の改善③株高④賃金上昇、などである。たしかにそれらには一理あるものもある。しかし反論の余地が十分にあることも事実だ。一番**厳しく批判されているのは成長と賃金の現実**だ。

エコノミストの植草一秀氏によると、安倍政権時代の**年平均実質成長率**は1・4％で民主党政権時代の1・8％より低い。実質賃金は5％のマイナスになった。アベノミクスは、10年間で年平均2％の実質成長を目標にしているのだからまだ自慢できる材料ではない。**実質賃金低下**に至っては自慢どころではない。評論家の三橋貴明氏は、この点を指摘して「日本の憲政史上、最も国民を貧困化させた首相」と手厳しい。同氏は第2次安倍政権誕生の当初は熱烈な安倍支持者で「デフレに苦しむ日本において、リーダーとして安倍総理以上の適任者はいない」と絶賛した。しかし「今後の展開次第では、今回の成果は単なるうたかたの夢で終わってしまう」とも言っていた。今うたかたの夢になりつつあるのは、財務省の緊縮財政のためだと言う。

雇用の改善については、「単に人口減少による人手不足」「低賃金の不安定雇用が増えたため」などの批判がある。**株価上昇**は金融緩和と企業本位の政策の結果であり、利益の多くは富裕層と外国投資家に吸い取られるだけだろう。

これらの批判は、安倍首相も多分よくわかっているはずである。アベノミクスの成果を本当に誇るためには、批判に答えられる実績を作らなければならない。恐らく9月の自民党総裁選挙を目標に、全力を投入するだろう。

ではどうすればよいか。国民生活に関する毎年の世論調査での「政府に対する要望」は「医療・年金等の社会保障の整備」「景気対策」「高齢者対策」の3項目がダントツの上位だ。やるべきことは、はっきりしているのである。まとめて言えば「**国民生活本位の成長政策**」だろう。

そのためになにが必要か。なによりも「**積極財政**」である。安倍首相は、年末の経団連の会合で、賃金の3％引き上げなど、デフレ脱却への積極経営を強く訴えた。それは大いに結構だが、まず政府自身が積極財政に転換して範を示すべきだ。

第3章

地方自治、経済成長、ジャーナリズムのあり方について考える

本章では2015年の事例を素材にして、地方自治、経済成長、ジャーナリズムについて考える。とりわけ「生産性」についての議論は、新自由主義を乗り越えるためにも重要。さまざまな局面で役立つ「代案」を創造していく発想法も提示する。

なぜ「地方重視」が喧伝されるのか

（2015年2月11日）

ひばりが丘団地に住んで50年余りになる。この借家が、多分「終の棲家」になるだろう。初めの40年余りは東久留米市民だったが、この10年足らずは建て替えにより西東京市の住民に登録されている。

職業は通信社記者だったので、大かたの勤め人同様、家は寝泊まりの場に近かった。しかし、職業柄もあって住民自治とか地方自治の問題には割合関心があった。今度、記者時代の友人の北嶋孝君が、定年後の仕事として地域のネット新聞発行（地域報道サイト「ひばりタイムス」）という壮挙に出たので、一層関心を強めざるをえなくなった。

とはいうものの、常日頃痛感しているのは、余所で勤め人暮らしをしながら地域社会に根を生やすことの難しさだ。身に沁みこんでいる「ふるさと」は、生まれてから中学生（旧制）時代まで20年足らず住んだ千葉県の田舎である。それはそれとして、今住んでいる地域社会を、自立し助け合い楽しみ合いながら安心、安全に住める「いい社会」にしたい、と思う。おそらく多くの市民に共通の気持ちではないだろうか。しかしそれが、どうもうまく達成されない、という苛立ちも共通かもしれない。

いま政府が「**地方創生**」というスローガンを掲げているのは、その民意に応えざるをえないためだろう。もちろん2015年4月の統一地方選挙対策ではあるだろうが、だからこそ選挙は大事なものなのだ。「選挙対策」の政策を貶す人がよくいるが、**選挙対策こそは民主主義政治の基本**であろう。

ところで「**地方」とは難しい言葉**だ。そもそも西東京市は地方なのか。もっとわかりやすい言葉がないと、**具体策**を考えるきっかけにならないではないか。地方ではなく地域、自治体なら誰にもわかる。地方自治、地方分権、「地方の時代」など古くからなじみの熟語があるが、地方だけでは意味があいまいだ。田舎とか過疎地の意味合いが強いのだろうか。

「創生」も難しい。かつて竹下内閣が「ふるさと創生」事業と称して全国の市町村に1億円ずつ配ったのは、それなりに単純明快だった。昔からある「地方振興」政策の一種だ。

今回の「創生」も多分それだろうが、問題はどんな具体策になるかだ。

政策思想の歴史から見ると、**地方重視は、中央集権的政治、経済のゆきづまり対策として出てきているようだ。中央偏重で地方は衰退、荒廃にさらされている。**なんとか地方にテコ入れしなければ、という発想だろう。しかしいまのアベノミクスの「本旨」は優勝劣敗容認の新自由主義であり、国土の均衡ある発展をめざすものではない。経済成長の大国を「取り戻す」手段としての地方創生策には、眉につばをつけて見守りたい。⇓**Q&A⑳㉑**

Q⑳

経済の単位として市区町村を考えると、どういう役割がありますか?

A

地域共同体としての国家と地方自治体のあり方は、そこに住む人々の生活に大きな影響があります。地方自治体は都道府県と市区町村に細分化されます。行政機関としてそれぞれ中央政府と地方政府があって、さまざまな業務(公的サービスの生産)を分担しています。

私が書いたのは、西東京市に住んで暮らしての小さな感想だけです。**地方自治のあり方**については、かねてから山ほどの問題提起や議論があります。それに参加するために必要な知識も経験も私は持っていませんが、地方経済を豊かにすべきだということは、議論の余地のない重要なことでしょう。そのための地方財政の充実には、中央政府からの支援の拡大が、コロナ禍とデフレ不況対策として緊急に必要だと思います。政府がやる気になれば簡単にできることなのです。地方政府は、そのことを強く叫ぶべきです。

Q㉑

政府は国債をファイナンスできるとして、地方自治体にそれは可能ですか？　実際、かつての美濃部都政は財政赤字を批判されました。夕張のように財政破綻した自治体もあります。

A

いま国家財政は、小さな政府でありながら財源不足に悩まされている状況ですが、地方財政も同様でしょう。国の政府は、貨幣発行権があるのでインフレ化の恐れがない限り、財源をつくることは容易だとしても、**地方財政はどうすべきか**、という問題ですね。

美濃部都政は、豊富な都税収入を使って、立派な福祉財政を実行しましたが、次第に赤字財政になり、それへの批判も増えました。その後の都政はもっぱら福祉後退です。自治体が今後、福祉財政とするには、改めて財源対策を考えなければなりません。

自治体の借金として発行する地方債は、国債とは違って通貨発行で返済することはできません。そこは大きな違いですが、会社の社債とも違い、公共性の強い「地方政府」の負債です。従って、**国家財政による支援が必要**でしょう。

地方財政の歳入は、大別すると地方税、地方交付税、国庫支出金、地方債、その他です。すでに多くの国家財源が入っていて、地方債の財源にも公的資金が沢山入っています。ですからいろいろな形で「国のカネを引っ張ってくる」(山本太郎)ことができます。

夕張の赤字も必要なカネを国が支援すればすぐに片付くのです。国のカネはもちろん無限にあるのではなく、適度なインフレまでです。適切な配分が必要です。

地方自治と労使自治――その実態

（２０１５年３月19日）

地方自治という言葉は誰でも知っているだろうが、「労使自治」は一般にはあまり聞きなれない言葉かもしれない。２０１４年の**春闘**で安倍政権が賃金引き上げの勧奨を強めてから、労使関係者がよく使う言葉なのだ。「賃金のあり方は労使間の交渉で決めるべきもので、政府が介入すべきではない」というときに使われる。この主張は特に財界側が近年強調してきたが、労働側でも連合系の組合がよく使う。⇓**Q&A㉒**

しかし安倍政権は、おかまいなしに２０１５年の春闘では一層強く賃上げによる経済成長の「好循環」を提唱している。経済成長を目指すアベノミクスにとって、消費拡大のネックになっている賃金の低下傾向を転換することが、最大の課題と認識されているからだ。賃上げが政治の責任になっているのだ。

賃上げが政治の責任だとされるのは、労働側にとっては結構なことだと思うのだが、反対だと言う理由は「上げるときは良いとしても、下げるために使われる恐れがある」ということのようだ。なるほど、インフレ時代の「所得政策」というものはそれだった。もっともらしいが、実情は違うだろう。

現在の労使の力関係は、**明らかに労働側は「非力」**であり、そこでの労使自治とは、**使用者専制の別名**に他ならない。現に金属労協は、2014年の春闘時の見解表明で「労使自治の名の下に、経営者はミクロの経済環境のみに拘泥し、2000年代前半に実感なき景気回復に終わった」「労使が対等の立場で真摯な交渉を行うことこそが真の労使自治」と指摘している。そうとわかっているのに、連合系の組合には、賃金は労使自治でというのを建前とする傾向が強いのだ。虚勢を張っているとしか思えない。経営側には、もちろん今の労使自治が最善であろう。

2014年の賃上げ相場は例年よりやや高かった(大企業平均2・19%、定昇込み)が、消費税引き上げによる物価上昇があったので、実質賃金は2014年間の全産業平均で2・5%もの大幅な低下だった。名目賃金(現金給与総額)の増加も、定昇込みの春闘相場とは違って、全産業平均は0・8%増に過ぎなかった。さて政府介入2年目の2015年はどうなるか。3月18日までの連合系大企業の回答では、ほぼ昨年程度の賃上げになったが、実質賃金が昨年の低下分をどのくらい取り戻せるかは、今後の物価次第だ。

以上は、労使自治の建前と実態が食い違う現状のことだが、もし本当の労使自治、つまり**労使対等の自治があるとしたら、どうか。それこそが、「住民自治」と併せることで、民主主義社会の基本を実現する**ことになるだろう。

労使自治に相当する言葉としては昔から「産業民主主義」論があった。しかしこれも「階級対立」論に反対する労使協調論にすり替える動きに流されて、信頼を失った。一方の地方自治は、憲法第八章で確認されているが、**実態は官僚支配に引きずられていた**。「地方自治の本旨」を実行するために必要な「住民自治」の言葉自体が、まだ普及しているものではない。さてさて「自治」とは、言うは易く行なうは難い言葉である。

Q㉒

労組に加盟していない人にとって「春闘」の何に注目したらいいでしょうか。そして労働組合の未来は?

A

この問題は、私にとっては就職以来、労働ジャーナリストの仕事と組合運動の両面で、個人的に深いかかわりがあります（今も、日本労働ペンクラブの最古参会員の一人です）。
労働組合法は、敗戦の日本で新憲法よりも前の1945年にできた法律で。戦後民主主義を象徴する重要な労働保護立法ですが、「戦後レジーム」を嫌う人々には、組合は邪魔者でしょう。私は、「労働運動なくして民主主義なし」と言えるぐらい、組合は大事なものだと思っています。

ではその実績はどうか、というのが問題です。春闘の目的は賃上げが大きな柱ですが、組合員の労働条件改善だけが目標ではなく、国民全体の生活と権利を護る運動だ、という考え方は、ずっと堅持されているのです。田中角栄政権時代の74年春闘から、総評（日本労働組合総評議会）が国民春闘と名付けたのもそのためです。しかしそれを実現するためには組合の力とたたかいが必要です。今の労働組合にはそれが足りないのです。その結果、賃上げが物価に追いつかないという情けないことになっています。物価が下がったら賃金はそれよりも下がっているのです。

その春闘で、組合員の賃金が上がれば、多かれ少なかれそれ以外の労働者の賃金にも波及します。上がらなければそれも波及します。今は、上がらないことが波及しているのです。

波及の仕方について問題があるのは、強い組合が賃金を上げると、その企業はコスト増加の負担を、製品の値上げや下請け企業への仕入れ価格値下げ（賃金切下げ）として転嫁する結果にならないか、という恐れです。

もっともな心配ですが、そうなるかどうかは、市場での売り手と買い手の力関係によります。売り手が強ければ売値を上げられるし、買い手が強ければ買値を下げさせます。

賃金を上げさせるには、労働市場で組合の団結力か人手不足が決め手になるでしょう。決め方はもう一つ、市場外の力の介入があります。最低賃金の引上げはそれです。アベノミクスの賃上げ提唱もその一つでしょう。賃金は「労使自治」で決めるべきだと言う必要などないのです。

労働組合の仕事は、労働市場での値上げだけではありません。民主主義の主役としての人民の団結力の発揮です。それは、たたかう力も、助け合う力も強めることができる、素晴らしい能力です。民主主義の実現には、その力が必要なのです。現在、組合は民主主義を嫌う特権者層の力で抑え込まれていますが、民主主義の実現を目指す人々による再強化の努力に期待しています。

【補論】

労働組合運動の歴史的責任について

（２０１５年11月）

社会正義を支えるのは、結局は**組織された民衆の団結の力**である。力なくして正義なし、である。団結のつくり方はいろいろあるが、なかでも労働組合は、民衆の団結の力を発揮しやすい伝統的な中軸的大衆組織としての歴史的責任がある。労働運動は社会正義の「岩盤」と言えるものである。一方に、この岩盤を崩そうとする勢力がある。

憲法で定められた労働基本権（労働権、団結権、団交権、団体行動権）は、労働基本義務でもある。「権利の上に眠る者は保護されず」とも言われる。労働者は、労働基本権を実現して義務を果たさなければならない。

社会正義の理念、**目標**は、自由、平等（民主主義、人権）、博愛（友愛、連帯、共生）と平和によって、安全、安心で豊かな生活を実現することだ。それは経済制度にかかわりなく必要な目標である。

日本社会の２０１５年の現状は、目標のすべてが実現から遠ざかりつつある。課題が山積している。

身近な課題に取り組む多様な民衆運動が必要であり、現に起こりつつあるが、まだ力不足。労組はそのいずれとも連帯、協力すべきだが、まず重点的に自身の身近な課題に取り組むべき。それは賃金と労働時間と職場での人権だろう。かつて「生活と権利」や「平和・民主主義・生活」が標語とされた通りである。今それらが全面的に脅かされている。

政策（要求）と行動（闘い方）への指導的運動理論（構想）が必要だ。それを持つことが運動家の任務であり、全国中央労働団体の任務もそれが中心。しかし連合も全労連もそれに応えていない。マルクス主義の教条（階級闘争論）依存は役に立たなかったことが、すでにはっきりしている。

労組の政策理論でいま一番弱いのは賃金だろう（とうとう政府がお国のための賃上げを経営者に要求することになったが、内容はもちろん差別的競争賃金だろう）。闘い方では争議、争議行為のあり方が課題。闘い方には労組組織のあり方、組織間の関係のあり方も重要。近年は政策、行動どちらも労組の力の発揮を弱める結果になっている。

過去に、総評の賃金要求は「大幅賃上げ」が基本。同盟は「過年度物価上昇分＋定昇分＋生産性上昇分」という経済整合性方式だったが、いまはどちらも使われていない。実施されているのは、企業競争本位の競争賃金による低賃金、差別賃金と、そのための労働運動抑圧である。結果として、賃金水準の低下、格差の拡大となり、日本経済は「賃金デフレ」に陥った。

いま国民経済体制は、消費、投資の需要不足によるデフレ低成長からの脱却、成長経済への拡大的「好循環」復活を目指して、賃金の上昇を政府の政策目標の一つにせざるをえなくなった。労働組合を無力化する政策の成功のツケが回ってきたのだが、労働組合側も深く反省すべきである。

民衆側の目標は、経済成長そのものではなく、福祉型経済社会の構築であり、その結果として国民経済の成長が実現すれば、一層望ましい事態である。国民生活の需要に応えて生産と雇用を増やせば、成長実現の可能性も十分あると思える。あえて「成熟、定常」型経済を目指す必要もないだろう。

資本主義経済の行き詰まり論が世界的に盛んになっているが、その**修正策あるいは代替案こそが重要な論点**である。一足飛びの代替策などありえない以上、**修正策を考えるのがなにより重要だ。正しい労働組合運動はその課題への答えにもなる**だろう。

世界一の福祉都市へ？——国家がやらないならまず自治体で

（２０１５年４月16日）

２０１５年度に入った。国民の生活にとって、アベノミクスの行方は大きな関心事の一つだが、もっと直接的に医療、介護などの社会保障の悪化の心配がある。国民全体に、安心・安全への不安感が広くただよっているのではないか。しかもその悪化のしわよせが自治体に押しつけられそうである。

政府による「国民生活に関する世論調査」（14年６月）での「政府に対する要望」は「医療・年金等の社会保障の整備」が６８・６％でトップ、「高齢化社会対策」が５４・９％で３位、（２位は「景気対策」５８・７％）だった。整備とか対策とかの言葉にこめた民意は、大部分が「充実」を求めているだろう。

政府は社会保障政策については「改革」とか「見直し」の言葉は使うが「充実」とは決して言わない。民間（新聞など）もそれに従うものが大部分だ。しかし改革も見直しも、真意は「効率化」「重点化」「コストダウン」であり、つまりは「抑制」なのだが、**「霞が関用語」**でごまかそうとしているのだ。世論調査で使った「整備」は、まだしも民意に沿った用語と言えよう。

さて、社会保障充実は、どの政党も口をそろえて言う「安心・安全」の国づくりの基本である。そういう国の形は「**福祉国家**」と呼ばれ、学問用語にもなっている（1章Q②、19頁参照）。ヨーロッパには現実にたくさんあるが、日本はそれには該当しない。日本の憲法は明らかにそれを目指しているが、自民党中心の政治が妨げてきた。代わりに使われたのが「日本型福祉社会」である。「中福祉中負担」などとも言う。**政府としては、福祉国家と呼ばれたくもないし、作りたくもない**のだ。

ならば民意はどうなるのか。民主主義社会なら、民意は当然実現されなければならない。国家がやろうとしないなら、**まず自治体から作りあげてゆくことを目指すしかない**だろう。国家が抵抗勢力ではしんどいことだが、やるしかない。統一地方選挙ではそういう意気込みの政治家が勝ちあがってくれることを祈りたい。

幸い全国の自治体には「福祉都市」とか「福祉健康都市」「健康福祉都市」などを宣言

しているところが、かなりある。西東京市は「健康都市宣言」をしている。最近目立ったのは、舛添東京都知事が「**東京を世界一の福祉都市にする**」と公約したことだ。２０１４年、当選後間もなくの記者会見で、三大政策の一つに挙げた（他の二つは、「東京を災害に強い都市に」「東京オリンピックの成功」）。「世界一」とはまた大風呂敷だが、「棒ほど願って針ほどかなう」のが世のならいだから、意気を壮として歓迎しよう。

先日（２０１５年3月23日）西東京市民会館で開かれたシンポジウム「年金・医療・介護は今後どうなるか」に出てみた。人数は多くはなかったが、**草の根から福祉都市を作りあげてゆかねば、という運動**の一つだ。さまざまな形で声を挙げて、**社会保障抑制に抵抗する動きを騒然と高めてゆきたい**ものだ。それが福祉国家づくりへの道を踏み固めることになると思う。⇓Q&A㉓

Q㉓

コロナ禍のなかで「福祉」の向上はありえますか？

A

コロナ禍対策には、**モノもカネもどんどん使うべき**です。モノは、過去の悪政のために、予防や治療に必要でもすぐには間に合わないものがありますが、カネはいくらでも政府が造れます。福祉の向上も同じです。福祉のためには財物と役務というモノの供給が必要ですが、コロナ対策の結果で足りなくなるものがないとは言えないでしょう。しかし、カネを出せば今よりはるかに豊かに供給できるモノがあることは確かだと思います。例えば、一人毎月5万円とか10万円とかを配るという提唱もあります。すでに10万円給付の経験も積んだのですから、明るい展望が開けました。**チャンスと言ってもいい**でしょう。

ただし、災難は**悪用のチャンスにされるおそれ**もあります。ショック・ドクトリンと言われるものです。災害や戦争などの危機的な社会状況につけこんで、市場原理を悪用して利益追求をすることです。カナダのジャーナリスト、ナオミ・クラインが2007年に出版した本の題名で、2011年に日本でも翻訳されました。**惨事便乗型資本主義、災害資本主義、火事場泥棒資本主義**などといわれます。惨事を予防したり回復させる政策は「禍を転じて福となす」大切な仕事ですが、便乗した悪どいビジネスや政策があってはならないということです。

ここで言及したのは、菅政権が2020年12月8日に決めた「国民の命と暮らしを守る安心と希望のための総合経済政策」という追加経済対策に、その懸念が感じられるからです。

たとえば、強調されている**中小企業再編成政策**は、中小企業つぶし、地方つぶしの悪政だとする批判がかなり広がっています（Q&A㉕、156頁参照）。「薔薇マークキャンペーン」は「コロナ禍を中小企業淘汰のチャンスとする支配層の思惑を許さず」とアピールしています。松尾匡氏は『左翼の逆襲』という新著で「コロナショックドクトリンが示す円高帝国への道」という一章を設けています。

「経済成長」は可能なのか必要なのか
——現状と課題

（2015年7月9日）

2015年5月の**消費関連経済指標**（速報値）を、前年同期と比べて点検してみよう。名目賃金は0・6％増加、消費者物価は0・5％上昇、実質賃金は0・1％減少、実質家計消費支出は4・8％増加となった。この読み方はちょっとややこしい。実質賃金がマイナスになるのは、厚生労働省が物価で割り引く際の物価指数が「総合指数」よりも高い0・7％上昇だからだ。この状況はほぼ4月並みだが、消費は4月よりも大幅に増えた。これは、前年5月が8％の激減だったためで、**消費水準自体は低いままだ**。

これでは、政府が目標としている名目3％、実質2％の年度間経済成長の「好循環」は、到底実現できないことが歴然としている。

政府は6月末に決めた新しい「骨太方針」と「成長戦略」で相変わらず「成長と財政再建の両立」を謳っているが、**成長経済の実現はまず無理**だ。政府は同時に「成長なくして財政再建なし」とも言っているのだから、成長と財政は両立ではなく共倒れということになる。

では、**どんな対策が必要か**。実はこれまでのどの政府も有効な対策がとれなかったのだ。**名目GDP（国内総生産）は1997年度をピークに下がり続けている**。そこで安倍政権は「この道しかない」といってアベノミクスを採用したのだった。しかし安倍政権もやはりできなかった、ということだ。これは安倍政権の「失政」以上の深刻な問題と考えるべきことだろう。

歴代政権の「成長戦略」に対しては、具体策不足への不満の一方、成長至上主義への反対論や低成長必然論がいつもつきまとっていたのだが、アベノミクスの失敗でこの問題はいよいよどん詰まりを迎えたと言えそうだ。そこで**日本人が新しく選択すべき道は「成長よりも生活」あるいは「生活による成長」ということではないか**。これは特に目新しい考えではなく、かつて言われて実現しなかった「国民の生活が第一」「内需主導の成長」あるいは「生活大国」論の新装版ということだ。それには、何よりも社会保障の充実を中心とする福祉型政策が必要であって、成長は望ましいけれども政策目標からは外すべきだろう。

国民生活の充実と安全を**実現するためには、相当大量の財貨・サービスの生産、GDPが必要**である。しかしその生産が実現するためには、需要つまりお金が必要だ。それには国民すべてに、買うためのお金が分配され、所得格差が是正されなければならない。そうすればおのずと生産活動がついてくる。**有効需要**が供給を生むのであって、その逆ではない。**⇒Q&A㉔** しかしそれには、**経済、財政政策の大転換が必要**である。

生産規模(GDP)については、いまの程度を拡大(成長)しなくてもできるはずだが、政策転換の結果として拡大することもありうるだろう。どちらでもいいのではないか。

Q㉔

「有効需要拡大政策」のポイント解説をお願いします。

A

まず**経済活動についての常識**を話します。経済活動とは、モノをつくって使うことです。つくることを供給、使うことを需要とも言います。分業経済で、需給を結びつける手段がカネ、貨幣です。現代の日本経済では、カネは政府と日銀がいくらでもつくれますが、モノは生産能力がないとつくれません。

豊かな経済生活のためには、モノが沢山つくれなければなりません。**同じモノをつくるスピードの速さを比べる物差しが「生産性」**です。生産性が高いほうが、モノを沢山つくれます。しかし生産性が高ければ、必ず沢山つくられて豊かな経済になるとは限りません。買いたい欲望とカネを併せて持つ需要がなければ、生産しても売れないからです。当然のことですね。このカネ付き需要が**有効需要**と名付けられています。

例えば人々の**賃金が低すぎてカネが足りなければ、モノは売れず**、従ってつくられません。これが「平成不況」以来の日本経済の**停滞**です。それが**デフレギャップ（需要不足）**です。そこへコロナ禍の襲来です。収入の多い人も低い人も、カネを使えなくなりました。従って生産はできず、生産者にカネが入らなくなりました。これでは供給と需要の減少の悪循環で、経済生活は破綻です。ＧＤＰはがた減りするでしょう。それが今の日本経済です。

ではどうすればいいか。差し当たりの救いは、政府・日銀が有効需要のためのカネを供給できることです。元々カネのない人、生産物が売れなくてカネのなくなった人に、必要なカネを政府が十分に配ればよいのです。コロナ禍が収束すれば、この緊急的な負担も軽くなるでしょう、しかし、コロナ後（アフターコロナ）の経済対策は、軽いものではすまないでしょう。有効需要の維持拡大の必要は、コロナ以前からの課題だからです。それができるのが、大きな政府政策なのです。

生産性向上と成長経済との関係について

（２０２０年12月）

「日本経済は生産性が低い、特にサービス業と中小企業で」と、よく言われる。近年の「失われた20年」の低成長の原因ともされ、安倍政権は声を大にして生産性向上を訴えた。菅政権のブレーンの一人と言われるアトキンソン氏の決まり文句もそれである（157頁も参照）。

生産性向上問題は、戦後日本の経済と経営の中で長年にわたって議論されてきた因縁付きのキーワードだが、ここに来てまた再浮上した。戦後復興期には、経営者側から「賃金を上げるためには、まず生産性を上げてパイを大きくすべきだ」と主張（パイの理論）し、賃上げは生産性上昇に見合った限度にとどめるという「生産性基準原理」を提唱した。これに対して、労働組合の一部は賛成したが、総評系の労働組合は、労働強化を招く理論だとして反対し、生産性向上は禁句となり、「マル生」と言われたりした。しかしいまや天下晴れて政府の「理念」に格上げされてしまった。

▼サービス業や中小企業の付加価値はなぜ少ないのか

では、過去のいきさつを離れて、今の経済政策の問題として考えてみよう。

まず**生産性とは**、労働と設備（資本）と技術によって生まれてゆくモノ（物財とサービス役務）の生産について、**ある期間の生産量を労働者一人当たりで計った金額**だ。その場合、生産量は売買で実現された付加価値の総額で計り、労働人員で割り算して計算するが、人員でなく労働時間当たりで計るほうが、より正確だ。実例で言えば、年間GDPを就労総人員あるいは総労働時間で割り算するのが標準的なものである。

（ただし国際比較の場合では、分母を総人口として「一人当たりGDP」としている。国際比較は為替レートで換算するので、さらにおおまかな計算になる）

しかし重要なことは、こうして計算した付加価値生産性は、売買活動の結果生産したGDPから割り出したものだということだ。この**生産性が生産量を決めたのではない**。生産量の大きさを決めるのは、モノの供給力を示す潜在的な生産性と、モノへの需要の大きさである。サービス業や中小企業の生産性が低いというのは、**結果としての生産額が小さい**

ためであり、本来の生産能力が低いことを意味しない。

▼格差を是正するには

結果として実現した生産性は、内訳を見ると、個人別にも企業別、産業別にも大きな格差がある。それが重要な問題点だ。生産された付加価値は、賃金と企業利潤に分配されるが、その格差は当然賃金の格差を生む。ではなぜ、サービス業や中小企業の付加価値は少ないのか。

原因は、販売量が少ないか、値段が安いかである。従って、生産性を高めるには、販売量を増やすか、値段を上げればいいことになる。どうすればよいか。**人々が買いたいものをたくさん提供するとともに、業者間の値下げ競争をしないこと**だろう。いまサービス業や中小企業の生産性が低いと言って軽んぜられるのは、主に商品の安売りの結果と言えるだろう。

商品も賃金も、値上げをするのが、生産性向上の結果を出すために不可欠の決め手ではないか。そのためには「力」が必要なので、値下げ競争を防ぐための各種の中小企業保護立法や労働基本権のルール（規制）は十分に活用すべきだろう。現実にはあまり活用されていないようだが、それを補うために、政府が中小企業の商品や賃金の値上げを援助するのも、「大きな政府」の役割になるはずだ。

アベノミクスの政策はどうだったか。安倍政権が基本賃金や最低賃金の引上げを提唱したのは、過去の政府に例のないことだったが、結果として、実質賃金は下がり続けてしまった。ＧＤＰを拡大（成長）させるための生産力・供給力はもともとあったのだが、需要拡大によるデフレギャップ解消はできず、一人当たりＧＤＰによる生産性向上も実現しなかった。

実は、**デフレギャップ下で生産能力を拡大する必要はなく、需要拡大が必要だった**のだ。

菅政権はどうか。安倍政権同様、構造改革や再編成による生産性向上を強調しているが、その狙いには気になることがある。最低賃金を上げ、生産性を上げさせるが、それができない企業は再編成して退出させるというのだ。「中小企業の数は多すぎる」とも言っている。これは、大企業重視の小さな政府論であり、国民の生活も生産も崩壊させる道ではないか。これでは、安倍政権以上のじり貧経済になるだろう。日本国民は、それでいいと思っているのだろうか。

生産性向上と人生の幸福について

（2020年12月）

生産性向上が、菅政権の経済成長戦略にキーワードになった。アベノミクスでもそうだったのだが、スガノミクスでは一層強調されている。安倍政権時代だが、「産めない女性には生産性がない」などと言う国会議員まで現れた。生産性主義の問題点を考えてみる。

▼物的生産性と付加価値生産性

生産性とは、経済活動での生産能力が高いとか低いとかを比較するための言葉だが、比較対象によって二種類の計り方がある。

一つはモノ（財物・役務）の生産（供給）能力、つまり**生産スピード**だが、高い低いと比較ができるのは、同品種の間だけだ。これを**物的生産性**と言う。

もう一つは付加価値（売上額マイナス原材料費）と言われる**カネの稼ぎ能力の大きさ**だ。

付加価値生産性と言う。どちらが重要かは、使う目的による。

モノの利用という必要面からは、物的生産能力が重要だ。例えばコロナ対策の医療サービス（役務）の供給量の確保は、深刻な問題になっている。カネはいくらでも政府が造れるが、モノがなくては役に立たない。生産スピードは、企業の価格競争力にも大きく影響する。

しかしカネの稼ぎ（所得）という面からは、付加価値が大きいことが重要だ。いくらモノがたくさん造れても、売れなければ付加価値生産性はゼロである。専業主婦の働きも付加価値生産性はゼロだ。経済活動では、この二つの生産性がともに高いことが望ましいことになる。たくさん作って高く売れるということだ。国際比較にはすべて付加価値表示のGDPを使う。

では、人間の経済生活は、高生産性でたくさんつくって、高く売れることが、幸福な人生と言えるだろうか。貧乏と病気が不幸の原因であることははっきりしているのだが、大量の生産・消費がすべての人々の幸福の原因になるかどうかは　内容によりけりではないか。

人の役に立つモノの生産と消費は、人生の幸福の要因になることも間違いないだろう。つまりモノの生産も消費（利用）も、人生の幸福のために役立ってこそ意味がある。そのための生産性の向上は、望ましいことである。しかしそうではなく一部の人々の所得の増加のためであったら、他の人々の不幸の原因になるおそれがあるだろう。それがスガノミクスによる生産性向上政策の大きな問題点ではないか。そのおそれを生むキーワードが**構造改革・規制緩和**である。

▼「構造改革」の狙い

成長戦略としての問題点は、モノの生産能力が高まれば、国民全体の生産（ＧＤＰ）が拡大・成長するとは限らないことだ。デフレ不況で生産能力が余っている時に、生産性を高めて生産量を増やせば、物価はさらに下がり、弱い企業は倒産し、失業は増える結果になり、その結果モノは売れなくなり、生産が縮小するという悪循環になるだけだろう。

しかし一方で強い企業（多分大企業）は儲けを増やすことになる。それが構造改革政策の本当の目的かもしれない。だが需要不足のため、そのような生産性向上の投資が行なわれないと、結果として国全体の生産能力は減退してしまうことになる。貧乏国への転落である。アベノミクスの実績はまさにそれだった。

経済成長と生産性の関係は、モノの生産性と併せて付加価値生産性が大きくかかわってくる。ＧＤＰの数値はモノの生産量ではなく、付加価値というカネの生産量である。つくったモノを販売して換金しなければＧＤＰには計上されない。人生の幸福のために有用なモノでもなく、無用あるいは有害なモノでも、高く売れれば大きな生産量として、高い生産性とされる。そして経済成長率を高める。

従って、中小企業や女性の生産性が低いというのは、その生産したモノやサービスが高く売れていないということだ。なぜ高く売れていないのか。最大の理由は、買いたたかれているからだ。

市場経済で、安く買いたたかれる状況を「買い手市場」、高く買われるのを「売り手市場」と言う。付加価値生産性を高めるには、売り手市場にすることが必要なのだ。デフレ下では買い手市場で値上げは難しいので、需要拡大によって付加価値を増やさなければ、生活も経営も維持が難しくなる。需要拡大が成長の決め手である。

▼菅政権の志向性

ではスガノミクスの成長戦略では、どうなるか。成長には生産能力の拡大だけでなく、需要の拡大が必要であることは、いまは経済常識である。菅政権は、需要の拡大策も当然採用している。消費・投資と輸出の三大需要拡大のために、政府が介入しつつある。しかし菅政権でもアベノミクス同様その規模は小さく、財政はまだ緊縮志向が強い。⇓Q&A㉕

一方で供給力拡大への構造改革、規制緩和による生産性向上政策には積極的だ。特に中小企業の生産性向上に意欲を示しているのが目立つ。中小企業は生産性を向上させ、賃金も上げるべきだとし、それができない企業は廃業すべきだ、とまで言っている。

しかしそのやり方で、日本経済は全国民に、憲法で謳われた「健康で文化的な生活」を保障することができるだろうか。政府がやるべきことは、買い手市場によって不当に低められた低賃金・低利益を、需要拡大を柱にして改善することではないか。モノの生産能力に個人差があるのは確かだが、その原因はなんであれ、人は生産性によって生きるにあらず、生産性の有無にかかわらず、平等に健康で文化的に生きる基本的人権があるのだ。

Q㉕ 経済成長と生産性、貿易依存、輸出依存とスガノミクスの関係を説明してください。

A

どれも大きな関連がありますが、国民生活安定という目標に合致させる必要があります。国民生活安定のための成長は内需拡大による福祉型の供給と需要の拡大です。それには**物的生産性の向上が必要**です。**付加価値生産性ではありません**。

貿易は有無相通ずるための限りで重要です。輸出入均衡の場合は、経済成長率への寄与はゼロです。黒字額だけが「純輸出」としてGDPを増やします。

輸出の拡大による対外黒字はGDPを増やしますが、それは外貨あるいは設備などのモノとして外国に置いてある資産なので、国民生活の役には立ちません。**過大な対外資産は無駄**です。日本経済は今世界一の対外純資産を持っているので、活用しなければ宝の持ち腐れです。ドル貨幣は価値暴落の危険もあります。

スガノミクスは生産性向上と輸出拡大による成長を目指していますが、その内容次第で日本の生活と生産とを破壊してしまう恐れがあります。

生産性向上は、どういうモノの生産スピードを上げて生産を増やすのか、を考えないと意味がありません。日本の生産性が低いという場合、どのモノの生産スピードが遅いというのでしょうか。

カネで計った一人当たりの付加価値生産高（ＧＤＰ）の生産性を高める、というのでしょうが、それは「高く売れるものをつくれ」というだけのことで、国民生活とは無関係につくれるでしょう。例えば、技術革新で何か飛び切り高く売れるものをつくる、というようなことです。

アベノミクスもスガノミクスも、そんな感じです。

菅義偉首相の経済ブレーンと言われるアトキンソン氏は、日本経済の生産性の向上を強く提唱していますが、その内容は単純で不明瞭です。要点は「付加価値生産性が、大企業では高いが中小企業では低い。零細企業は特に低い。**零細企業を中堅企業に格上げ**して数を減らすために**再編成すべき**だ。その結果零細企業がつぶれても、人口が減っているので失業者は増えない」。そうすれば、**全体の生産性が向上して**、**成長できる**と言うのです。

しかしそうなったとしても、増加したカネは国民すべてを豊かにできるでしょうか。多分そうはならないでしょう。つぶれた零細業者は、どうなるのでしょうか。

なお、モノの生産性が低いと輸出できないということはありません。人の役に立つモノなら、国際価格で必ず売れるのです。ただし為替レート次第で円収入は左右されます。生産性が低いと収入が少ないですから、生産性の向上はもちろん大事なことですが、生産性が高くても低くても、生産活動は貴重なことです。すべての企業がつぶれないような経済にしたいものです。

Q㉖ 経済成長と新自由主義の規制緩和、構造改革、小さな政府との関係は？

A

規制とは公的なルールのことで、目的には**経済的・社会的な弱者や社会正義を保護するためのもの**がたくさんあります。一番強力なものは法律です。「国境」もそれに当たるでしょう。強者本位の社会を目指す自由主義グローバリズムは、それらの規制の緩和や廃止を要求するわけです。それが経済の成長発展をもたらすと主張します。

経済的な強者とは、生産性が高いということですから、弱い企業がつぶれて強い企業だけが残れば国全体の生産が増えて成長率が高まるはずだ、という理屈です。

構造改革も狙いは同じで、生産性を高めるための制度改革や人員整理などの合理化を進めることです。小さな政府とは緊縮財政です。

その結果が様々な人権侵害を生むことははっきりしていることですが、国全体の経済成長や豊かさを生み出すことになるでしょうか。そうではないことを、平成不況30年と失われた20年の経済が証明しているでしょう。

物価・賃金・消費の指標から占う経済政策

（2015年6月7日）

2015年4月以降の**物価、賃金の数字**が要注目だ。なぜかというと、1年前と比べて、物価では消費税による値上がり分が共通となり、賃金はアベノミクスによる増額分が上乗せされるからだ。つまり消費生活面からのアベノミクスの素顔が見えやすくなるのである。**注目点は、実質賃金が前年同期と比べてプラスになるかマイナスになるか**、である。**実質賃金とは、名目賃金を消費者物価指数（CPI）で割り引いたもの**で、プラスなら実質収入増となるから実質消費も増え、実質経済成長の要因になる。マイナスならその逆である。従ってアベノミクスの成否を占うカギとなる。**⇒Q&A㉗㉘**（163頁）

アベノミクスが当面の目標としているのは、物価が2％程度上がり、名目賃金が3％程度上がって、実質賃金が1％程度上がり、実質経済成長が1％程度になる、という図式である。15年度の政府経済見通しは、名目2・7％、実質1・5％、消費者物価1・4％の上昇である。

　では4月の実績はどうだったか。物価は0・6％、名目賃金は0・9％、実質賃金は0・1％上昇、実質家計消費は1・3％減少だった。大まかに見ると、物価は多少上がり、実質賃金は僅かに上がったが消費はがた減りした、という形になった。物価と実質賃金の上昇は景気回復のパターンだが、消費のがた減りは不況の姿というチグハグなものだ。5月の成り行きをみたいところだが、4月だけでもかなりの問題点がわかる。

　名目賃金の僅かな上昇でも実質賃金が上昇したのは、物価の上昇がごく僅かだったからだ。今後を考えると、賃金水準はほぼ不変だろう。物価は円安や消費税の後追いなどの上昇要因があるから、実質賃金はまたマイナスになるかもしれない。逆に、消費停滞で物価が上がらなければ、デフレ下の実質賃金上昇だ。どちらでも困るのだ。

　それにつけても**4月の消費の低迷は驚き**だ。2014年の4月の消費は、消費税前の駆け込み需要の反動で4・6％も激減した。2015年はそれよりもさらに1・3％減ってしまった。消費がもしこのままマイナスを続けてしまったら大変なことになる。政府経済見通しでは15年度の消費支出は2・0％増なのだ。

以上のような4月の実績から見て、15年度の経済見通しは実現可能だろうか。甚だあやしいのではないか。消費が伸びて物価が上がり、デフレを脱却し、民間投資も増えて経済成長の「好循環」が始まる、というのがアベノミクスだが、消費と物価の上昇は到底期待できないだろう。とすれば、民間投資の増加も難しい。残された需要拡大要因は対外需要と財政支出である。

アベノミクスは、金融緩和、企業減税、規制緩和、消費税増税先延ばし、賃金引き上げ勧奨などを実施してきた。これらの施策が今後新しく「好循環」実現への効果を発揮できるだろうか。そうはならずに、物価が少し上がれば実質賃金はマイナスとなり、投資も対外需要も伸びない、という「事態」になるかもしれない。もし物価が下がれば、賃金はプラスになるがデフレの継続だ。

▼対案の必要性

政策転換の必要が刻々と迫っているのではないだろうか。そうなれば、安倍首相も「この道しかない」と言ってはいられなくなるだろう。ではどうするか。野党に「対案を出せ」と言って胸を張れるのは、政策がそこそこうまくいきそうなときだ。失敗しそうなときには、いち早く自ら「対案」を出すのが政府の責任だ。もちろん野党も評論家も学者も対案を出したほうが良い。

評論家としての**一案**を言ってみよう。まずは**「ケインズ主義」の有効需要拡大政策**（Q&A㉔、144頁参照）を全面的に採用することだ。当然財政拡大や減税が含まれる。まずは、というのは、それでもうまくゆかない事態も想定されるからだ。日本経済も世界経済も、それぐらい難しい事態に直面しているのである。

（註）経済指標出所：賃金は厚労省「毎月勤労統計」、物価と家計消費支出は総務省統計局

Q㉗

実質賃金の推移を2015年から年ごとに挙げていただき、解説をお願いします。

A

実質賃金の統計指数は、厚生労働省の毎月勤労統計で発表されています。指数のつくり方は、**名目賃金指数を消費者物価指数で割算**します。

指数の基準年の金額を100として計算します。基準年は時々変更されますが、いまは2015年の指数が100です。2019年までの各年の指数は次の通りです。

16年　100・7
17年　100・5
18年　100・8
19年　99・8

19年を15年と比べると0・2%低くなっていますが、大きい低下ではありません。賃金も物価も上がらないということです。望ましいのは、物価が多少上がって、名目賃金はそれ以上に上がるかたちになることでしょう。

大きな問題は、2015年以後だけでなく**ずっと前からの実質賃金の低下**です。賃金の低下が始まったのは97年の橋本内閣による緊縮政策、自由化政策、消費税引き上げ（5%へ）などの改革政策からです。「平成不況30年」とも言われますが、それまでは実質賃金も、わずかながら上がっていました。ピークは96年で、賃金指数は115・8でした。それ以来、ときたまの上昇はあっても低下の基調が続いて、2019年は13・8%の大幅な低下です。

では、賃金は名目、実質ともに、なぜ上げられなかったのでしょうか。それこそが問題です。**根本は新自由主義グローバリズム**でしょう。対抗すべき労働組合が無力化されたことも大きいと思いますが、経済成長ができなかったことが大きな原因だと思います。

これまで、歴代の政府は様々な成長戦略を打ち出しましたが、結果を出せませんでした。野党からはデフレ克服の成長政策は出ていません。

自公政権による新自由主義の経済成長政策は、国民生活充実のためではなく、**企業利益拡大のための生産拡大**です。生産してつくったモノを使うのは、つくった国民でなく外国への輸出でもいいのです。しかし成長には国民に買ってもらう消費需要も必要なので、賃金をある程度は増やさなければなりません。アベノミクスが宣言した「日本を世界で一番企業が活動し易い国にする」には、本来なら賃金を安くする必要がありますが、それと矛盾する賃上げ提唱をしたのは、今の賃金が安すぎるためです。したがって、本当の目的である強い企業による利益拡大のための生産性向上を強く奨励しました。その結果、弱い企業がつぶれても構わないのです。菅政権は、それをさらに強調しています。

一方の企業側は、販売競争のため当然低賃金を望みますから、政府の賃上げ要請は迷惑です。そのため賃金は増えず、経済成長はできませんでしたが、輸出や海外投資の利子・配当などで**外貨はどんどん溜まって世界一の金持ち国**＊になっています。国民がつくったモノを国民が使わず外国の政府・中央銀行が造った外貨などの資産になっているのです。（＊1章55頁）

日本経済にとって**望ましい成長**とは、国民の生活充実のために必要なモノを、たくさんつくってたくさん使う内需によって、生産が拡大することです。成長政策については、「成長よりも分配の改革による格差是正が必要だ」という批判がありますが、日本経済による生産が今のようにずっと年間500兆円台で十分でしょうか。その分配を変えるだけで、みんなが豊かで安心な生活ができるでしょうか。そうではなく**福祉型の成長が必要**だと私は思います。

Q㉘ 生産性向上と「稼ぐ力」についてのアベノミクスの方針についてはどうだったでしょう。

A 安倍政権は2015年に「新3本の矢」の柱として「名目GDP600兆円」「出生率1・8」「介護離職ゼロ」の目標を掲げ、600兆円実現には「生産性革命」が必要だとしました。そして「日本再興戦略」を改定して「未来への投資・生産性革命」と銘打ちました。その内容は、企業の「稼ぐ力」を高める、新時代への挑戦、個人の潜在力の引上げ、ということでした。この方針がそのまま菅政権に引き継がれているキーワードであることがわかります。

国民経済の成長とは、国民の生活向上に役立つ「良いモノ」(グッズ)をたくさんつくってたくさん使うことですから「悪いモノ」(バッズ)の生産や需要であってはならないわけです。安倍・菅政権の成長戦略にはその点の配慮が足りないと思います。では、具体的にどんなモノの生産スピード上昇、どんな付加価値の生産拡大を目指しているでしょうか。

気になるのは、ギャンブル客の手数料(**カジノ**)、投機的な金融業者へのサービス提供(**国際金融都市**)などが、新しい生産増加の目玉にされているらしいことです。そういう仕事で稼ぐことが、これからの日本経済の成長手段なのでしょうか。菅政権が強調している**デジタル化促進投資**は、モノの生産性上昇をもたらすでしょうが、その結果不要になった労働者に、新しい仕事が用意されているでしょうか。しかもデジタル化は、グッズだけでなくバッズの生産増加になるおそれもあります。例えば、政治権力による個人の自由抑圧などです。

そんないかがわしい成長策は、考え直すべきです。何よりも国民の生活を豊かにする**福祉関連の供給力と需要力を強める**ことによる成長が必要だと思います。

それには、やはり大きな政府の活動が必要不可欠だと思います。

明るい未来——ケインズの予言論説

（2015年8月2日）

経済問題について、明るい話題はほとんど見聞することができなくなった。というより、暗い話ばかりである。**生産面**では、日本など先進国の停滞と中国など発展途上国の成長頭打ち、**分配面**では貧困と格差拡大の貪欲資本主義のグローバリズム、それらを包み込んでいる**資本主義経済行き詰まり観**の広がり——これが今の経済環境だ。

この不安経済下、とりわけ日本では、少子高齢化の急進と財政赤字拡大の打開策として、**社会保障費の圧縮が「改革」政策の柱**とされ、着々と実施されている。これでは、国民生活はお先真っ暗ではないか。アベノミクスの不成功が露わになるのは時間の問題なのだが、情けないことに、それに対する野党からの攻撃も**「対案」も全く見られない**のである。従って経済失政を政治の争点にできないのだ。

どこかに明るい話はないものか。そこで思い出すのは、経済学の大学者**ケインズの「孫の世代の経済的可能性」という予言論説**である。執筆は大不況時代の１９３０年だから、彼の孫の時代というのは今現在のことになる。予言のサワリの語句を抜き書きしてみよう（山岡淳一訳『ケインズ説得論集』から）。

「百年後の２０３０年には、先進国の生活水準は現在の4倍から8倍の間になっている」「大きな戦争がなく、人口の極端な増加がなければ、百年以内に経済的な問題が解決する」「これは経済的な問題が人類にとって永遠の問題ではないことを意味する」しかしその結果「人類は誕生以来の目的を奪われる」「人はみな懸命に努力するようしつけられてきたのであり、楽しむようには育てられてはいない」「なんらかの仕事をしなければ満足できないだろう」「残された職をできるかぎり多くの人が分けあえるようにすべきである」**「一日三時間勤務、週十五時間勤務にすれば、問題をかなりの期間、先延ばしできる**とも思える」「今後は、経済的な必要性という問題から実際上、解放される階級や集団が増えていくだろう」「経済的な問題の解決のために、もっと重要でもっと恒久的な事項を犠牲にしないようにしようではないか」

——というわけである。

2030年にはまだなっていないが、少なくとも「孫の世代」にはもう来ている。この予言は当面、大外れの様相だ。しかしすべてが見当違いの予言だったとは言えないだろう。ケインズ先生も「今後百年は、自分自身に対しても他人に対しても、きれいは汚く、汚いはきれいであるかのように振る舞わなければならない」「貪欲や高利や用心深さをもうしばらく、崇拝しなければならない」とクギをさしている。

生産力の更なる向上は間違いないだろう。それは人類全体を容易に養えるだけのものになるはずだ。**「働かざる者食うべからず」のような警句は当然死語**になる。一方で、医療技術も進歩して健康長寿が可能になる。財・サービスの生産力は有り余っているので、老人の扶養や介護の負担を苦にする必要もない。というように、超明るい未来社会を描くことができる。ケインズ先生が冗談半分に提唱する職の分け合いは、失業防止のためではなく、**過去の「働き中毒」の余後対策**なのである。

このような、明るい未来の可能性を示してくれたケインズ先生の予言は、やはり貴重なものである。

「デモの民主主義」の復活

（２０１５年9月5日）

２０１５年8月30日の国会前を埋め尽くしたデモの写真を、新聞やテレビやネットで見た人は、まず「凄いな」と感じただろう。年配の人なら「60年安保以来だ」とも思ったに違いない。人数については、主催者発表の12万人と、警察の3万人とは開きが大きいが、各種の調べによると、国会周辺に来た人の延べ人数は12万人が事実に近いようだ。前日には安保法案支持のデモも都内であって、５００人程度だったという（読売新聞）。人数で民意を計るなら、この二つを比べるべきだろう。

東日本大震災以後に反原発市民デモが盛んになり、それを引き継いだかたちで反安保デモの拡大になったが、60年安保と比べた大きな特徴は、労働組合と学生自治会主導から**市民運動主導に変わった**ことだろう。しかし民衆の直接行動による民主主義運動であることは同じである。組合もいずれ後を追わざるをえなくなるのではないか。一番大事なことは、

デモによる直接民主主義の行動が復活したことだと思う。

60年安保の時、岸首相はデモによる反対よりも、声なき声の多数の支持があると「迷セリフ」を吐いたが、結局退陣せざるをえなかった。安倍首相も同様に無視の姿勢で強行採決するつもりのようだが、国会答弁では「国民の一つの声として真摯に受け止める」（東京新聞）と言わされた。一つの声ではなく、多数の声であることを認めさせるには、もう一段の民衆の努力が必要だが、デモが政治を動かす力を持ちうることを、国民全体も感じつつあるのではないか。東京新聞の社説は「デモの民主主義が来た」（8月30日）と見出しをつけた。


デモの民主主義の復活は、突然に降ってわいたわけではない。小規模ながら市民も労働組合も続けてきた。しかし大規模なデモの主役であった組合は総評が衰退し、連合への再編成ですっかり無力化した。学生運動も解散同様になった。デモという名称を「パレード」と言い換える組合もある。

だが、これらの大組織が沈黙するなかで、しこしこと続けられてきた市民型デモが、原発事故を機に大発展した。それに合わせるように、五野井郁夫氏（高千穂大准教授）の

『「デモ」とは何か』という本が出た。人々から離れた「院内」の議会政治を、「院外の力」であるデモで突き上げて議会制民主主義を実現すべきだ、という主張だ。「路上に出て、デモに参加するにはいま少し勇気がいるかも知れない。だが何もしなければ何も変わらない」と訴えている。

確かに、デモに参加するには、私自身の経験からも「勇気」がいる。体力もいる。時間もいる。安倍首相は、多くの人々にその困難を乗り越える決意をさせた。しかし**デモの力はまだまだ弱い**。8・30のデモの後で、小熊英二・慶大教授は感想として「国会前という空間が、抗議の場として定着した」「メディアと政党がいくらか社会の変化に追いついてきた」の2点をあげた。しかしそれらを今後も継続させることは、容易なことではないだろう。抗議の「効果」が確実にあがるまで、デモをさらにさらに拡大強化したいものだ。

「選挙対策」と「人気取り」とジャーナリズム

（２０１５年12月21日）

政府の政策や政党の公約に対してよく使われる「**選挙対策**」という評言は、たいてい褒め言葉ではなく、貶し言葉として使われる。「人気取り政策」となると、もうはっきりした悪評だ。来年（２０１６年）の参院選挙が近づいて来たので、最近またマスコミと政治家がよく使う。悪評の趣旨は、票を金で買うような不当な利益供与だとか、口先だけで空約束の嘘の善政だ、などである。要するに、動機不純な善政、悪政、あるいは嘘つきなどという「泥」のついた「レッテル」にされてしまったのである。

確かにそれが当たっている場合もある。しかし選挙も人気も、民主主義の社会にとっては本来大事なキーワードのはずではないか。選挙のない民主主義はないし、人気がないのに民主主義の看板を掲げる国は、偽物と言うしかないだろう。つまり、**良い政治には良い選挙対策があり、人気の出る政策がなければならない**はずである。

もちろん、良い政治も良い人気も、相手は一部の人々ではなく全国民（英語で言えばピープル）でなければならない。それは大変難しい仕事である。だから政治家は人格高潔で有能な人でなければ困るのである。そういう人を選挙で選ぶには、まず有権者が賢明でなければならない。これもまた大変難しいことだ。

それにしても、**「選挙」と「人気」に、こんなに泥を塗られてしまったのはなぜ**だろうか。一番の原因は、**明治以来の官僚政治**だろうと、私は思う。そもそも、国を統治するのは「天皇の官吏」による官僚政治だった。官僚が、自分たち以外のものに権力を分け与えるような選挙や政治家を嫌うのは当然である。それらは私利私欲で汚れた汚いものだ、という空気が陰に陽に醸し出されてきた。新聞もそれを煽った。

その官僚政治は、敗戦後の占領政策と民主主義憲法下でもがっちりと生き残った。選挙も政治家も「汚いもの」というイメージもしっかりと残された。選挙運動はがんじがらめに制限され、「清き一票」という妙な言葉も相変わらずだ。**マスコミはこの空気を温存することに熱心**で「選挙対策はダメ」「人気取りはダメ」という音頭をとっている。

こんな情けない選挙環境で、民主主義政治が発展できるわけがないだろう。どうしたらいいか。

何よりも**ジャーナリズムの姿勢を変えてもらいたい**と思う。政党と政治家に対しては、国民の人気を得られるような、「よりよい選挙対策」「よりよい人気取り政策」作りに励むことを勧奨してもらいたい。それには、**国民の生活改善に何が必要か、何が良くないことか**を調査して、報道し論評することが必要だろう。そういうまともな選挙を繰り返すことで、民主主義の社会がだんだんとできてゆくのではないだろうか。

最近の政情を見ると、世論（人気）の支持率に一喜一憂する一方で、世論がどうあろうと憲法がどうあろうと「千万人といえども我行かん」と言わんばかりの暴政が目に余る。国民のための「番犬」としてのジャーナリズムの出番のはずだ

Q㉙ では、あるべきジャーナリズムについて解説してください。

A 以下に記したので参照してください。

【補論】

あるべきジャーナリズムについての試論

（オンラインジャーナル・ライフビジョン２０１６年１月号への寄稿）

世の中の動きや事件などについて、その時々に時事問題として伝えたり論じたりする活動。それをする人がジャーナリストである。これは人々の社会生活のために、なくてはならない仕事である。製作品は、経済用語で言えば、第３次産業のなかでの「情報というサービス（役務）」の生産品である（産業分類では、出版・印刷は製造業）。しかしジャーナリズムは、特殊な「情報生産」の一分野だろう（学問、芸術なども同様）。

▼あるべきジャーナリズムについての考え方

《社会の動きや出来事について「今伝えるべきことを今伝える。今言うべきことを今言う」のがその使命（新井直之）》

《「政府、団体、などの発表を伝えるだけの『発表ジャーナリズム』であってはならぬ」（原寿雄）》

——共同通信の仲間によるこの二つの指針はかなり一般化したが、僕は「国民のための記事（情報）を」を付け加えたい。何を伝えるべきか、何を言うべきか、が示されないと、実際に活用できない無内容な指針になってしまうのではないか。

「国民のための記事」として今伝え、論ずべき事柄の選択は、別言すれば、**民主主義という「価値観」によって選択された記事**ということになるだろう。そもそも選択には価値観が不可欠だが、商業ジャーナリズム界で、重要な原則とされがちな「客観報道」「中立主義」とか「ニュースバリュー」論による選択基準とは、理論的に衝突する可能性がある。この問題は「真実の報道」についても同様であり、**報道記事のあり方をめぐる大きな論点**だ。

選択論の決着は今でもついていないが、最低限はっきりしているのは、情報（5W1Hなど）の**「客観的正確性」は常に必要**だということだ（しかし商業ジャーナリズムの現状は、反民主的価値観丸出しや、不正確情報が横行している）。

共同通信の編集綱領は「国民が関心をもつ真実のニュースを編集し…正確敏速に配信する」と規定しているが、ここで言う真実とは、「客観的に正確な事実」を意味しているるだろう。「国民が関心をもつ」は民主主義の原則確認と言える。

僕のこのようなジャーナリズム論は、共同通信入社当時、戦後民主主義の残り火のなかで沸き起こってきた、レッドパージ後のジャーナリズム再建運動の中で、形成されてきた。運動とは「真実の報道」をメインスローガンとする『日本ジャーナリスト会議』（ＪＣＪ）の結成（55年創立、吉野源三郎議長）や新聞労連の「新聞研究集会」などだった。そのなかで共同通信は58年に、労使協議によって「編集綱領」を策定し「真実のニュース」を刻み込んだ。これは画期的なことだったと思う。

時事問題についての情報には、実用的な通報（お知らせ）のほかに、**人々に「考えてもらうために必要な情報」**と言えるようなものがあるだろう。あるべきジャーナリズムとは、後者についての考え方のことである。原寿雄氏は「権力への監視役（ウォッチドッグ）」「社会正義」などをあげている。僕は「国民のための記事」「民主主義」という言葉で要約したが、原氏の意見をそのまま含めている。

以上のジャーナリズム指針を、具体的に実行するのは容易なことではない。「今」伝え、論じるという速報性がまず大変だ。多大の努力と才能が必要である。戦後ジャーナリズムの実績を検分すれば、それは明らかだ。民主主義という点では、現在、日本のジャーナリズムは全体として（特に、「雇用ジャーナリスト」において）衰退しつつあるのではないか。

速報性に関連して、商業ジャーナリズムには「抜いた、抜かれた」の特ダネ競争がつきもので、これも厄介な問題点だ。例えば、明日公表される大きなニュースを今日「抜く」ために血道を上げるようなことは無意味な努力だとわかっていても、やめられない。それが結果的に「国民のため」に役立つこともあるが、不正確な情報となって、逆行することも多い。いつの場合にも、基本的に必要な努力は、**国民の「知る権利」に応える**ことであろう（「知る権利」についての明確な法的規定はないが、憲法21条の「表現の自由」に基づくとされる）。

▼ジャーナリストと生活財源の問題——雇用ジャーナリストについて

生業（職業）か非生業（無償）かは、仕事の質に大きく影響する。生業では、生活費を得るために作品を売らねばならないが、それを個人でするか、企業組織に雇用されてするかは、作品の質に関わる特に重要な区別。どちらにせよ「売れるか売れないか」が製作の際の重要な要件になるが、企業（雇用）ジャーナリズムは経営権や編集権の介入によって、企業利益に左右されやすい。

生業が別にあって、ジャーナリスト活動のコストは自己負担、あるいは自由な寄付などによって賄うこともできる。「売れる」ことを考慮せずに、自由に意見を表現できる。しかし「売れる」という市場評価は、単に収入のためではなく、社会的な価値の尺度でもある。人々のために「面白くてためになる」情報を売ることが、良いジャーナリズムの基本的目標だろう。

雇用ジャーナリズムと、権力社会との関係は、かなり深刻な事柄だ。雇用ジャーナリストは、まず企業内の支配構造に組み入れられる。この構造は役職と身分で組み立てられている。平記者が最低、社長が最高の地位。その間に、部次長、副部長、部長、編集委員、論説委員、解説委員、編集局次長、編集局長、編集主幹などさまざまな役職や身分の階層があって、それぞれの立場に応じて言論、報道の自由や価値観に対する他律的あるいは自律的な規制を受けるのである。しかもそれらすべてのジャーナリストたちは、外部の政治権力や企業権力などの利益のための圧力を受け、価値観への影響も受ける。民主主義のための番犬とは、すべての権力に対する番犬でなければならないのだから、これらの圧力をしのぐのは容易なことではない。

「雇用ジャーナリスト」には、書きたいことを書くことができるという自主的な「執筆権」は一応あるが、編集権によって、意に沿わない改変を受けることがある。しかも一方で、書きたくない発表記事を書かされるような「執筆義務」もある。僕には、社会部時代に、書かないで叱られた経験もあった。経済部時代の友人にも同様のことがあった。それに耐えるか、改めさせるか、職を辞めるかの選択を、考えさせられることになるだろう。しかし会社から生活費と取材費がもらえるというメリットはやはり大きなものである。

▼真実を伝えるために重要なことは、調査報道と表現の自由

民主主義のための番犬（ウォッチドッグ）、社会正義と国民の利益のための番犬として役割を果たすには、公表されていることの影に隠れた事実、隠された事実を明るみに出して公開することが肝心（ジョージ・オーウェルは「ジャーナリズムとは報じられたくない

ことを報じることだ。それ以外のものは広報に過ぎない」と言ったという）。

そのためには**「調査報道」と表現の自由が不可欠**。その妨げとなるおそれの一つが「雇用ジャーナリスト」への経営権と編集権だった。それらを民主化することも大きな課題。対策の一つが労働組合の参加。共同通信の編集綱領策定は、それだった。

雇用ジャーナリズムに限らず、真実の自由な表現への障碍物には、ほかにも直接的な暴力や利益誘導などさまざまある。情報を受け取る側には、注意深い「情報リテラシー」が必要なのである。

プレスキャンペーンの場合は　経営者、編集者も同調しての、社会正義の世論喚起をめざすキャンペーンができるという、幸運なこともある。これは、隠し事を暴くのとは違う、権力への積極的監視とでもいうべきものだろう。

▼「事実の報道」と「真実の報道」の関係

「事実」

広辞苑「本当にあった事柄」「真実の事柄」

大辞林「現実に起こり、または存在する事柄。本当のこと」

新明解国語辞典「実際に有った事柄で、だれでも否定することが出来ないもの」
コメント：事実の認識には、ある事柄が「不在」ということも含まれるはずだ。大事なことが入っていない政策、というような場合、あるべきものがないということも「事実」と認識すべきだろう。
「不作為」というのもそれに当たらないか。

「真実」
広辞苑「うそいつわりでない、本当のこと」
大辞林「うそいつわりのないこと。ほんとうのこと」仏教―「絶対の真理」
新明解国語辞典「偽ったりかざったりした所」のない本当の事。まごころ。
コメント：「嘘」「偽り」の対語とされているが、そのように限定すべきではないだろう。
「嘘」とは「事実を曲げてこしらえたこと。本当でないこと」（大辞林）

「事実の報道」と「真実の報道」とは**どう違うか**。

ある具体的な事柄について、あらゆる事実を知る努力をした結果認識したことが、「真実」で「本当のこと」と言えるのではないか。部分的な事実の場合は、本当のことでなく「嘘」になる可能性がある。しかし「あらゆる事実」を知ることは不可能だから、絶対的な真実などありえない。限りなく近づくということでしかないだろう。従って「国民のための情報」としては、「真実」うんぬんよりもまずは「どういう事実を伝え、どういう事実を論ずべきか」と問題点を絞ってはどうか。

では、どういう事実を伝え、論じるべきか。僕の考えは、あるべき社会（社会正義、国民生活の改善、自由と民主主義、平和等々）に関わる「重要な事実」（すべては不可能）を伝え、論じるべきだと思う。そしてそれが、僕の考える「真実の報道*」である。

＊参考：後藤昌次郎『真実は神様にしかわからないか』（p.45）の問題提起。
1：客観的な存在はある。
2：客観的な存在は認識できる。（あらゆることを絶対的に認識することは出来ないが）
3：認識が正しいかどうかということは、実践（個人的でなく人類的なもの）によってテストされる。

▼安倍政権下のジャーナリズムの状況

あるべきジャーナリズムの基本的前提である言論、報道、表現の自由が急速に失われつつある。それは戦中と同様の、権力による言論統制とジャーナリストの自己規制の両面からの圧力による。今や、ジャーナリストは目を覚まし起ってたたかうべきときである。とりわけ「雇用ジャーナリスト」はそのことを自覚してもらいたい。

経済ジャーナリストでこんなことをやってきた
――戦後日本経済のなかで
（2015年10月）

▼共同通信に入社――どんな記者になろうとしたか

(1)　僕の記者生活の始まりは「でもしか」ジャーナリストだった。大学時代の1950年（昭和25年）からの、時事通信でのアルバイトがきっかけだった。友人の著名な人権弁護士、後藤昌次郎君（故人）にも「流れ流れてデモシカ弁護士」の弁がある。（『諸君！』2001年10月）。「でもしか」就職は、いまでも珍しいことではないだろう。

高校は昭和18年に旧制一高の理科に入学した。工学関係に興味があった。しかし理科の授業を受けているうちに、理科系の学科への才能が足りないことがわかってきた。卒業のころには医者になりたいと思ったこともあったが、準備も金も足りないのであきらめた。結局、大学は文科系の法学部に進んだが、職業としてなにをやりたいという目標はなかった。「でもしか法学部」だった。

なぜジャーナリストに――僕にはそもそも「ジャーナリスト」なるものへは不信感があった。戦中に在学した旧制一高の用語では、「政権におもねる浅薄な知識人」への蔑称だったからだ（当時世間ではまだジャーナリストという言葉は普及していなかった。新聞記者の社会的評価も低かった）。アカデミズム偏重の環境のせいだったかもしれない。（しかし朝日新聞の若い記者土屋清氏〔一高卒〕を招いての時局座談も聴いていた〔昭和18年〕。）また戦後は、商業新聞は左翼から「ブルジョア新聞」と白眼視されてもいた。にもかかわらず結局ジャーナリストになったのは、意欲的な選択ではないものの、戦後の社会では「面白そうな仕事」と思ったためだろう。

(2)　1952年の共同通信入社後は積極的な姿勢を示した。やるからには真面目に、という気持ちだった。入社後間もなくに、僕は社会部で「人民のための記事」を書きたいと公言した。「民主主義」が、戦後社会の新しいキーワードであり、それを代表する標語「人民による人民のための政治」が「人民のための記事」論の原点であった。このセリフは、周辺にかなりの違和感を引き起こしたようだ（もちろん共感者もいたと思う）が、批判されることもなかった。お手並み拝見、だったかもしれない。すでに反民主的な「レッドパージ」（50年）後の時代になっていた。「人民」は左翼的な語句として自己規制されたようで、今でも事実上禁句に近い。従ってこの民主主義の古典的な標語が死語化している。「人民のため」とは言ったが、僕の考え方は左翼的ではなかった。戦中の昭和18年（1943）以後、旧制高校で自由・個人主義の自覚を持つ、すなわち反全体主義・国家主義、すなわちリベラル。それは戦後も続く。左翼運動に参加せず。ミルの「自由論」などに共感していた。むしろノンポリだった（以下のメモでは、同じ意味だが便宜上「国民のため」と言い換える）。

ノンポリからの転換。**1950年の言論報道界へのレッドパージ**（50・7・28）が、民主主義を守る行動への転機。僕は、その事件の現場をアルバイト先の時事通信で目撃した。リベラルの立場からの「戦前に戻してはならぬ」が、格好の生活目標になって、民主主義運動に参加するようになった。労働運動にも関心を強めた。共同通信では、パージで破壊された労働組合の再建に参加、56年には社外の新聞労連書記長に就任した。

▼国民のために、伝えるべきことを伝え、言うべきことを言ってきたか

(3)　共同通信での仕事の配属は、社会部、経済部、編集委員、論説委員だった。編集委員以後は、経済のほか労働問題も担当した。定年退社（1984年）後も客員論説委員を2004年まで務めた。その間の記憶に残る仕事は、米軍による鹿地亘監禁事件、近江絹糸の人権争議、総評の路線を巡る高野実対太田・岩井の人事争い、下村治氏と高度成長、戦後の統制経済から自由経済への転換、黒字経済化と円切り上げのニクソンショック、列島改造・石油インフレと32・9％大幅賃上げ、財政再建政策の推進と迷走、国鉄分割民営化、総評解散・連合結成による経済民主主義の後退、低成長経済への転換と新自由主義グローバリズムなど。それらの仕事のなかで「あるべきジャーナリズム」「国民のための記事」のあり方を絶えず意識しながら、結局ジャーナリズムのなかで生きてきた。

鹿地亘事件、高野対太田・岩井の総評内闘争などは、昭和27〜30年の社会部時代の出来事。

(4)　昭和30年（1955）に経済部への転属を希望して実現した。入社時の希望は政治

部だったが、社会や政治の動きを理解するには経済問題の知識が必要なことは当然だったので、まず経済というつもりだった。しかし会社の人事は、それほど個人の希望通りになるものではなく、結局経済畑で定年まで過ごすことになった。従って、その後の日本経済を、現場の近くで見続けてきたことになる。

経済とは、財・サービスの生産・分配・消費・蓄積が貨幣を媒介として行なわれ、人々の生活に大きな影響をもたらす社会活動である。活動の担い手は公共部門と民間部門に大別できる。僕は主に公共部門を担当した。戦後経済の動向については多くの報告や記録がある。僕の仕事はほんのちょっぴりそれに参加したが、自慢したいような業績もない。その時々の出来事を追いかけてきたが、国民のための良い記事を書くのは大変難しいことだ、というほろ苦い気持ちが残っている。

国民のための経済記事を書くためには、**経済のあるべき姿**を考えなければならない。それについて僕は「経済民主主義」「産業民主主義」「福祉国家」が基本だと考える。具体的には、**国民生活の向上、改善**である。もちろん、生産がなければ生活もないのだから、生産活動や景気の動向は重要だが、生活の面からは**所得の分配面を重視**することになる。この考え方は、労働組合運動への参加で一層強まっていた。しかしこの考えは、主たる取材先の官庁や経済界で歓迎されるものでないことは明らかだった。従って、生産本位、市場主義の強い取材先との違和感には終始悩まされた。意見の違いと人間的信頼関係を両立させるというのは、容易なことではない。

(5) 僕はまず**昭和30年に経済企画庁を担当**した。31年は経済白書が「もはや戦後ではない」という名セリフを掲げた年だ。戦後の復興需要と朝鮮戦争特需による経済再建の段階は終わったという意味だ。経済記者の仕事の大枠は、戦後の廃墟からの復興と再建、統制経済から自由経済への進展、その過程での景気変動と成長発展の動きを、マクロとミクロの視点から観察して国民の目線で報道、論評することだが、**経企庁はマクロ経済の全体像を調査し、計画する**重要な官庁だ。駆け出しの記者には相当な重荷だが、有難い勉強の場でもある。半面「抜いた、抜かれた」の苦労もあまりないおっとりした取材先だった。後々有名になるたくさんの官庁エコノミストの存在を知ったが、1年ほどのうちに新聞労連の専従で休職になってしまった。そのため「もはや戦後ではない」の経済白書の記事も書くことができなかった。

1年後に職場復帰して、昭和32年、大蔵省クラブ(「財政研究会」略称「財研」)に配属された。池田蔵相（石橋内閣）と一万田蔵相（岸内閣）の時代であった。経済記者にとっては責任の重い場所だが、同僚にベテランの先輩、平田真巳記者がいた。ここで2年ほど過ごして日銀のクラブに移り、35年の『60年安保闘争』の騒ぎのときは、通産省のクラブに籍を置いて、組合運動に励んでいた。経済界では三井三池炭鉱の大争議が並行していたが、この取材は主に労働記者の仕事だった。

(6) 昭和30年代前半の経済は、朝鮮戦争後の28～29年の不況からの回復を目指して積極財政が志向された。「千億減税、千億施策」と謳った32年度予算は「ヒトビトミナヨロシ」〈1兆1374億6千4百万円〉と読みならわされた（石橋内閣、池田蔵相）。景気自体は、29年11月を底として上昇中（**神武景気**）だったのだが、国際収支不安による引き締め政策で32年6月以降は「**なべ底不況**」となり、国民生活の改善も政策目標にせざるを得なくなっていたのだ。「国民所得倍増」論を言い出したのは次の岸首相時代からだが、その動きに拍車をかけたのが大蔵省の**下村治氏の**「**成長経済**」**論**だった。60年安保後の昭和35年に成立した**池田内閣**は、下村氏をブレーンとして画期的な「**所得倍増計画**」を策定したが、経済は既に33年6月から「**岩戸景気**」の高成長期に入っていた。僕の大蔵省担当時代は、なべ底不況からの回復模索期で、成長論議の真最中だったので、下村さんを囲む取材兼勉強会には何度も参加した。

成長論に自信満々の下村さんの風圧に圧倒される思いがしたが、あるとき他社の記者が「成長論の有効期間はどのくらいか」と聞いたのに対して「10年です」ときっぱりした答えがあった。下村氏は48年（1973）の**石油危機を転機に「ゼロ成長」論に大転換**したが、基本には、有効期限10年論があったと思われる。10年はとっくに過ぎていた。下村理論の核心は、国内均衡（雇用と物価の安定）と国際均衡（国際収支の赤字防止）達成の豊かな日本経済実現にあったと思う。もし健在だったら、逝去（1989年）後の日本経済に対してどう論評するだろうか。下村さんは自らを「理論右翼」と自称もしていた。右翼は反民主主義なので賛成できないが、日本経済の現状についての論評を聞いてみたい思いは強い。

当時、成長経済の問題点を中心に、日本経済のあり方をめぐる議論が活発に展開され、多くの課題が提起された。戦前から引き継がれている大きな争点は「資本主義か社会主義か」だろうが、成長論議はそれをさらに具体化したものになったと言えよう。具体的な課題とは、景気、雇用、賃金、所得格差、物価、国際収支、財政、金融、為替相場などの改善、改良による国民経済の安定化、健全化である。それらは現在もなお、難しい課題であり続けている。論客としては、**成長推進論の金森久雄、批判論の都留重人**氏らが印象的だった。

成長政策に対して、僕は支持する気持ちが強かった。**経済成長とは、国民の生産物や所得の総量が増加すること**。生産された財・サービスの売買総金額（ＧＤＰ）や、国民の総所得金額（ＧＮＩ）で表示される。しかしこの金額の意味することは複雑だ。大きい（成長）からといって国民生活の豊かさを示すとは限らないし、逆のこともある。無駄なもの、有害なものの生産や、所得格差などがあるからだ。逆の面が強まるのが目立つようになってから出てきたのが「くたばれＧＮＰ」（70年5月、朝日新聞連載記事）というような批判である。しかし、戦後の貧しかった日本にとって、まず生産物と所得の増加が必要だという観点から、僕は基本的に支持した。

成長の是非あるいは可能性については、今現在も議論が続いている大問題である。主な論点は、所得格差の拡大、公害の発生、経済の成熟と需要の飽和などだ。格差との関係では、成長経済で拡大することは多いが、低成長下の現在も拡大しているので、単純ではない。成熟経済論も単純ではない。生産性を高めれば可能という議論もあるが、その結果失業が増えたり、デフレ化するなどでマイナス成長になる可能性もあるのだ。

(7) 昭和36年（1961）に大阪経済部に転勤、38年秋に東京に戻った。大阪在勤を含む30年代後半は「岩戸景気」後の短い不況からすぐに**オリンピック景気**となった。この間経済成長は進んで39年には**先進国のIMF8条国**になった。しかしオリンピック後の不況で40年には初の特例国債（いわゆる**赤字国債**）、41年度予算は初の建設国債を発行して、**現在まで国債付き財政が続いている**。一方で景気は、既に40年10月から「**いざなぎ景気**」（45年7月まで）に入っていた。高成長経済は基本的に維持されていたわけだ。下村さんからは「師岡君も大阪から帰る頃には（左翼的な）考え方が変わっているはずだ」と冷やかされたが、引き続く高成長でも、「いい国」になったという実感はなかった。勤め先の共同通信の経営が不安定だった（加盟新聞社の圧力など）ことも、影響したかもしれない。

(8) しかも、昭和45年（1970）からは、大阪万博後の不況と波乱の続く経済になった。**高成長時代はここで終わった**といえるだろう。1971年には**ドルショック**、73年は列島改造政策と石油ショックとによる「狂乱インフレ」が襲った。どちらも経済記者にとっては大事件だ。記者としての僕は、デスク業や編集委員業に移っていたので「抜いた、抜かれた」の修羅場にはいなかったが、現場と一緒に、取材や勉強をした。

いざなぎ景気は、過熱予防のための引き締め政策によって、70年7月のピークを迎えたが、国際収支は過去の高成長期とは違って、赤字どころか黒字を急増させるという異例の事態となって、貿易収支悪化の米国から円レート切り上げの要求が強まっていた。「生活よりも成長」型の経済で、国際競争力が強化されていたのだ。「黒字国責任」という批判も受けるようになった。

(9) 円切り上げの是非論が次第に高まる中で、71年5月に西独がマルクの変動相場制に踏み切った（マルクは既に69年10月に9・29％切り上げていた）。その動きが頂点に達したのが8月16日午前（日本時間）に突発した「ドル切り下げ」のニクソン声明である。

円切り上げ問題には、僕らも当然取り組んでいた。チームを組んで、5月には『円切り上げ問答』という6回続きの長編解説記事も出している。この問題では、記事での「抜いた、抜かれた」はなく〈出来ず〉、大事件の意味を掘り下げて解説することがなによりも重要だと考えた。「出し抜いた」と呼べるものがあるとすれば、それはニクソン声明そのものだろう。この声明はどこの国にも一切予告なしの抜き打ちだったようだ。

その件で、僕は忘れられない経験をした。米国政府の広報機関であるUSISは、即座に声明内容の印刷物を共同通信にも配布してきたのだが、大蔵省の中枢である大臣官房にはそれすら届いていなかったようで、僕の持っていた英文の原文を「貸してくれ」と言われたのだ。

ニクソン声明に対する対応策についても、政府の模索と混迷は続いていたから、取材活動は必死の競争だったものの、特ダネ記事など誰にも書けなかった。世界中の為替市場が閉鎖されたなかで日本だけが8月27日まで開き続けて、政府が高いドルを買い込んだのが謎だった。国際的に政策的な結論がようやく出たのは、12月17、18日ワシントンで開かれた、通貨調整のための10カ国蔵相、中央銀行総裁会議での「**スミソニアン協定**」だった。円は1ドル360円から308円へ16・88%切り上げた。(その他の国は、ドルに対して58カ国が切り上げ、42カ国が据え置き、7カ国が切り下げた——日銀資料。日本の切り上げ幅が最大。)中心相場制という「管理された変動相場制」だったが、結局この新制度は長くは続かず、73年2月のドル再切り下げを機に、現在の**完全変動(フロート)制に移**

行した。
僕の取材態度は、円切り上げの経過を正しく追うのは当然として、その結果が国民経済と国民生活に及ぼす影響を理解し伝えることに努力した。為替相場の変動とは、要するに外貨という商品の価格が変動することだが、その結果は「上がっても下がっても、社会的な強者は利益を得て、弱者は損失のしわ寄せを受ける」ことになりがちだ。従って対策としては「**弱者の損失を出来る限り小さくする**」ことが必要だ。一般の「物価」の上がり下がりについても、同じことが言えると思う。放置すれば、不条理な格差が発生するからだ。しかしそのことの具体的な分析や対策の立案は容易なことではない。経済記者の重要な課題だと思う。

⑽　円切り上げ後の経済は、円高対策のてこ入れが強化されて景気は71年12月を底に回復軌道に乗ったが、72年の国際収支は相変わらず大幅黒字を続けた。しかし73年になると、田中内閣の列島改造政策に続く「石油ショック」で内需と輸入の両面からのインフレ圧力に見舞われて、状況は一変した。消費者物価（ＣＰＩ）は高成長時代にもじわじわと上昇したが、いわゆる「生産性格差インフレ」の範囲内だった。

だが73年には11・7％、74年には23・2％に急騰した。それに対応した労働組合の春闘は、大幅賃上げを要求し、73年20・1％、74年32・9％の高率ベアを獲得した。74年末に成立した三木内閣の福田副首相は、インフレ抑圧、賃上げ抑制に全力を挙げた。その結果、75年の賃上げは13・1％に抑えられた。

以上の経過はまさに劇的なものだった。僕は編集委員として労働問題もフォローしていたが、唖然とするほど驚いたのは**74年と75年のベアの数字**だった。前者は労働組合の力と時の勢い、後者は財界の圧倒的な賃金抑制決意が、予想を超えていたからだ。

この大幅賃上げの結果、マクロ的な労働経済は、労働分配率が大きく上昇した。労働経済として最も重要な指標は、失業率、労働分配率だと思うが、**分配率はこの74年の上昇後は、じりじりと抑え込まれて低下を続けている**。このことは、その後の経済の成長停滞、デフレ化の大きな要因にもなっていると思う。分配率の引き上げが重要なのは、所得格差の縮小のためであり、格差の縮小は、経済民主主義の基本的な条件だからである。労働組合「連合」の春闘では、2008年から分配率の低下傾向を強く批判している。僕は、総評時代の春闘以来**「春闘の勝ち負けの判断基準は労働分配率の上げ下げ」にある**と言ってきた。格差の理由にはさまざまな基準があり、賃金のあり方にに関する最大の難問と言ってよいだろう。

失業率は、高成長時代は完全雇用といえる1%台で推移していたが、石油危機による73年11月からの石油不況によって75年1月には久しぶりに2%台に上昇し、長らく忘れていた失業問題に改めて取り組まざるをえなくなった。これも今に続く課題である。

労働経済としては、そのほかに長時間労働の問題があるが、たびたびの「時間短縮」運動や政策にもかかわらず、改善は遅々としている。まさに構造的課題である。

▼行財政改革から新自由主義政策へ

(11) 石油不況は75年3月から回復に向かう。以後76年福田内閣、78年大平内閣、80年鈴木内閣までの間の経済は、**ジャパン・アズ・ナンバーワン**と称えられ(79年)ながらも**「財政再建」問題**が大きく浮上した。大平内閣は「一般消費税」の導入を策して失敗、鈴木内閣は「財政非常事態」を宣言して82年末に退陣した。財政危機問題は、経済成長対策、少子高齢化などとも絡み合いながら現在も拡大を続けている。

次の**中曽根内閣**は、前政権の行財政改革政策を引き継ぎ、電電公社と国鉄などの官業民営化、消費税導入への再挑戦のほか、対米協調の円高政策、労働規制の緩和など、サッチャー、レーガンと並んで**新自由主義経済路線を積極的に推進**した。

その後の政権も基本的にそれらの政策を引き継いだが、結果としての日本経済の現状はどうか。総括的に言えば、成長は実現せず、国民生活は貧困化と格差拡大のゆがみで、安心と安全の豊かさからは遠ざかりつつあるのではないか。それは**政策の誤りの結果**というほかはあるまい。ジャーナリズムの責任も大きいはずである。ジャーナリストは、戦前戦中と同様、**「政権におもねる浅薄な知識人」化**が、進んでいるのではないか。

⑿　中曽根内閣時代の政策とその影響は、現在まで続く大きな問題を残したが、手を付けた当初はあまり目立った動きではなかった。鈴木内閣で、いわば伴食大臣の行政管理庁長官に就任した中曽根氏は「さて何をしたらいいのかと、若干戸惑い気味であった」（80・9・8　日本記者クラブ）と白状している。しかしそこからスタートして、「**第二臨調**」設置（81年3月）となり、82年末に首相に就任してからは、5年間の長期在任中に、**行革**をはじめとして「小さな政府」「民間活力」「対米協調」の大戦略の具体策を次々に展開

していった（政治全体としては「**戦後政治の総決算**」と大風呂敷を広げるまでになった）。行政改革には財政改革も含めた。電電公社、専売公社、国鉄などの**民営化**、売上税法案提出、労働規制緩和の**派遣法制定**、円切り上げの**プラザ合意**、円高対策の金融緩和による**バブル経済化**、前川リポート（86年）による**対米協調経済構造調整政策**——どれも現在に至るまで大きな波紋を広げている新自由主義グローバリズム経済の草分けだった。

左派勢力を中心とする野党や労働運動などは、それらの政策が経済民主主義や国民生活改善に逆行するものがあることを批判しなかったわけではないが、大きく変更させることはできなかった。ジャーナリズムはひたすらその政策を追いかけるのに忙しかった。というよりも、全体として追随あるいは加勢したというのが当たるだろう。僕自身は、批判的な立場からの報道と論評をしてきたつもりだが。

官業の民営化は中曽根時代にほぼ実現し、**郵政事業は後の小泉内閣が民営化**した。僕の意見は、官業の効率化と民主化は大いに必要だが、政府案の民営化では、国民の利益に反する運営が強まると考えた。売上税案は廃案となったが、次の**竹下内閣**（87〜89年）が**消費税**として実現させた。しかし財政の収支均衡という意味での改革は現在も実現していない。

僕の民主的財政論は**「高福祉高負担」論**だが、消費税には賛成できない。収支均衡原理主義にも賛成できない。福祉財政は、田中内閣が73年に「福祉元年」を唱えた直後の石油不況以来、財政難を理由に後退を続けている。

労働者派遣法は、職業安定法が原則的に否定した「労働者供給事業」を、「小さく産んで大きく育てる」ための改悪法だが、今やますます大きく育ちつつある。企業本位の労働規制緩和政策の源流となった。

円高や構造改革政策は、米国の貿易赤字改善のための対日市場開放要求が主因で、日本の国民経済には不利益が多いものだが、現在の**TPP加入**の動きに続いている。ジャーナリズムはそのことをもっとはっきりと言い、伝えるべきではないか。

中曽根新自由主義政策の一つである**国鉄の民営化**には、論説委員として終始付き合った。僕は、言うべきことを言ってきたつもりだが、民営化は最悪のかたちで強行された。マスコミの報道は5W1Hの点で極めて不十分であった。従って論評も不十分にならざるをえなかった。「誰が、何を、なぜ、どんなふうにやったのか」例えば「誰がどんなふうにもうけたのか」「国民は得をしたのか損をしたのか」などということも、まともに伝えられていないのだ。国鉄民営化は大成功だった、と言う論者がいまもたくさんいるが、僕はとんでもないと思っている。

国鉄民営化問題は、元をたどれば国の財政で「3K赤字」(米、健保、国鉄)と言われた大口負担の軽減のための、経営合理化対策だった。しかし分割民営化という手法は、労働者には大量の人員解雇、国民にはローカル線切り捨て、借金返しなどの負担を負わせておいて、儲かる(あるいは軽い公的負担の)事業だけを独立させた。また官業経営は、民業圧迫を避けることが原則だったが、巨大な民業の出現で、弱小な民業は大きな被害を受けただろう。営利主義が安全輸送を損なう恐れもある。このような不条理な事態を生んでしまったことについては、ジャーナリズムにも責任があるはずだ。

⒀ **プラザ合意**〈85年〉による円高対策の金融緩和から始まった**バブル景気**は、90年から株価、91年から地価が暴落して崩壊した。90年以後の日本経済は、**バブル崩壊**による金融危機対策で大混乱となる一方で、小さな政府、新自由主義の基本路線のもとでの成長回復、財政再建の具体策を模索したが、国民生活の豊かさ、安全、安心の追求は軽視され続

けた。僅かに宮沢内閣（91～93年）の「生活大国」計画、鳩山内閣（09～10年）の「国民生活が第一」の標語が印象に残るぐらいだ。しかも、成長回復も財政再建も実現できず、**デフレ経済化**して、**生活の貧困化、格差拡大**が現在まで続いている。

その間の大きな節目になったのは、**橋本内閣**（96～98年）の「六つの改革」政策と、**小泉内閣**（01～06年）の「構造改革なくして成長なし」政策だろう。**第2次安倍内閣**のアベノミクスも、デフレ克服、日本経済の「再興」を目指す野心的なものとされたが、停滞経済の流れに変化は見られない。

経済停滞の代表的指標として、名目GDPの推移をみると、97年（橋本内閣）の523兆円以後これを超えた年はなく、17年後の2014年は487兆円で6・8％の減少（物価が下がっているので、実質では11・4％の増加）である。総額が増えないで、配分で格差が拡大しているのだから、貧困化した人が増えていることになる。

経済停滞とも関係づけられる「**構造改革**」というキーワードには、悩まされてきた。昭和30年代初めから使われたのは、日本経済の「二重構造」論だ。その後、左翼運動のなかで「構造改良」とか「構造改革」論が盛んになった。昭和40年代の初めごろには、経企庁などから「構造不況」論が出てきた。この辺が、「体制内」での構造論議の始まりで、現在までの「改革」論に引き継がれている。悩まされる、というのはその言葉の内容が多種多様だからである。

そもそも「構造」とは固定化して変化しにくい仕組みのことであり、それを壊すことが「改革」ということだろう。それ自体は極めて重要な政策である。政府の経済計画に正式に取り入れたのは、村山内閣（94～96年）の「構造改革のための経済社会計画」である。盛大にはやされたのは小泉内閣（01～06年）のスローガン「聖域なき構造改革」だった。それらの改革論は、新自由主義の政策として使われることが多い。目的は主に「生産性向上」であり、似たような言葉として「規制緩和」「合理化」「リストラ」「再編成」などがある。

念のためだが、「経済構造」（組み立て方）という概念自体は有用である。例えば、生産（供給）の構造と需要の構造の変化という観点から経済の動きを観察すると、問題点がわかりやすくなる。この二つの構造の変化の絡み合いが経済社会を動かす大きな要因である。

▼新自由主義グローバリズムの転換が必要

⑭　現在の日本経済の課題を要約すれば、1980年代のサッチャー、レーガン、中曽根時代に始まった小さな政府（再分配軽視）、民営化（金儲け主義）、新自由主義（強者本位の市場競争）のグローバリズム推進の結果である低成長下の貧困化、格差拡大を克服することである。2012年末以後のアベノミクスは、「デフレ脱却」をスローガンとしていたために、これらの弊害克服策に取り組む期待も抱かせたが、政策の重点が「世界で一番企業が活動しやすい国」であることがはっきりして、真逆のコースを進みつつある。「縮小均衡の分配政策から成長による富の創出」を掲げたが、現状は縮小均衡による貧困化と格差拡大という最悪の事態ではないか。

⑮　経済ジャーナリストの責任。今、国民のために何を伝え、何を言うべきか、今後もよくよく考えることが必要だろう。日本経済で、何が、なぜ、どのように起こっているか、起ころうとしているか。それは国民生活にどう影響するか。どう正すべきか。それらを伝え、論ずべきだ。

国民（ピープル）のための経済記事の要点

僕は経済記者として、いつも次のことを心掛けてきた。

1．伝えるべきことは、経済（あるいは経営）情勢

2．言うべきことは、あるべき経済（あるいは経営）政策

前提としての、あるべき社会、（こんな社会に住みたい）は自由、平等、博愛主義（民主主義）と平和の「国民国家」（やがては世界国家が望ましいが）。

あるべき「国民経済」の姿は、修正された市場主義体制（公権力介入）によって、

完全雇用、倒産なし、所得は再分配で平等化目指す

財政は社会保障充実、教育充実、災害予防などのインフラ投資

税金は応能負担

物価安定

国際収支均衡の為替レート（黒字、海外投資は必要最小限に）
経済成長は供給力と需要の、無理のない拡大均衡によって実現し、それ自体を政策目標にはしない

戦後の日本経済の評価への感想

今思えば、「55年体制」時代が案外良かったのかもしれない（「1・5大政党」時代として、自民党独裁体制をつくったというのが一般的評価だろうが）。社会党は「0・5大政党」として社会改善政策を要求するが、政権担当能力はなく、官僚と保守政権が政権担当して妥協的政策が実現した。もっと改善すべきではあったが。

左派政党（労組も）に政権担当能力がない、という理由は、彼らは基本的に資本主義経済を運営する理論を持たないからである。対案としての社会主義体制の具体案もない。従って保守政権の政策に対しては、対案となるのは、民衆への「しわ寄せ反対」の部分が中心となり、結果的に「なんでも反対」にもなりやすい。それはそれで意味のあることだったが。

しかし僕の経済記事は、政権政策の一部としての対案を提示することを心掛けてきた。

当然「全面的反対」の場合もある。

55年体制崩壊（細川内閣、１９９４年）以後は、ソ連崩壊、米ソ冷戦終了とともに、社会党も総評も崩壊、世界的な市場原理主義、強欲資本主義時代が到来して現在に至っている。

あとがき

『ひばりタイムス』への掲載文は2015、16年の執筆のものが多いので、今の役に立つかどうか気になりましたが、アベノミクスとそれを引き継いだ菅政権の政策の問題点は、当時とほとんど変化がありません。私の問題意識についても同様です。そのため、現在の課題を追加しても、一体としてまとめられたように思います。まとめるについては、『ひばりタイムス』の北嶋孝さん、編集者の杉山尚次さんに大変お世話になりました。

代案とか対案という言葉が何度も出てきますが、書名の「対案力」は、この本の要です。そして対案の内容の要として提唱したのが「大きな政府」です。大きな政府への厚い壁は財源問題ですので、財政問題はしつこく取り上げました。

コロナ禍と経済不安は、今まさに進行中の大災害です。これまでの政策を大転換する対案が必要です。そのための叩き台としてこの本を読んでいただければと思います。

なお、余計なことですが、私の年齢は、いま94歳で、相当の長寿と言えるでしょうが、特別の健康法があったわけでもありません。健康保険と年金のお陰が大きいと思います。

ずっと体力にも健康にも自信がない弱者意識の持ち主なので、弱者への味方意識は強いです。

老後生活を「趣味は天下国家」と自称して暮らしていますので、少しでも世の中のお役に立てれば嬉しいです。

[著者紹介]

師岡武男（もろおか・たけお）

1926年、千葉県生まれ。評論家。東大法学部卒。共同通信社入社後、社会部、経済部を経て編集委員、論説委員を歴任。元新聞労連書記長。主な著書に『証言構成戦後労働運動史』（共著）などがある。

地域報道サイト「ひばりタイムス」で
コラム「百音風発」連載中（「師岡」でサイト内検索）
https://www.skylarktimes.com/

ブックデザイン………佐々木正見
DTP制作………勝澤節子
編集協力………田中はるか

「対案力」養成講座
新自由主義を論破する経済政策

発行日❖2021年2月25日　初版第1刷

著者
師岡武男

発行者
杉山尚次

発行所
株式会社言視舎
東京都千代田区富士見2-2-2 〒102-0071
電話03-3234-5997　FAX 03-3234-5957
https://www.s-pn.jp/

印刷・製本
中央精版印刷㈱

ISBN978-4-86565-197-3 C0033